桑楚 编著

别输在不会表达上

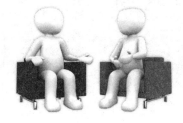

中国华侨出版社
北京

前　言

　　说话是最容易的事，也是最难的事。最容易，因为三岁的孩子也会说话；最难，因为最擅长辞令的外交家也有说错话的时候。

　　话说得不好，小则树敌、伤友，大则丧命、失江山。孔子之教有四科：德行、言语、政事、文学。言语仅次于德行，可见它的重要。由于一言之失，导致兵戎相见、血流成河的浩劫，在中外历史上屡见不鲜，故《论语》有言："一言可以兴邦，一言可以丧邦。"因一言不慎而招致杀身之祸的也不乏其人，因一句"此跋扈将军也"而被梁冀毒死的汉质帝，还有恃才傲物的杨修都属此列。

　　说话是一门艺术。一句恰到好处的话，可以改变一个人的命运，一句不得体的话，可以毁掉一个人的一生。

　　会说话，可以帮你办好难办的事。同一个问题变换不同的说话方式将得到截然不同的效果。遇到僵局，想要无形化解；遭到拒绝，想要说服对方，都需要掌握说话的艺术。说好难说的话，才能办好难办的事。

会说话，可以助你掌握通达的做人智慧。说话没分寸，没艺术，即使是赞扬的话，别人也充耳不闻。说话有分寸，讲方法，即使是批评的话，别人也乐于接受。会说话，好做人。

会说话，可以助你掌握圆通的处世之道。在人生的各种场合，在什么情况下、对什么人、在什么时机说话，都要讲求艺术性。对方豪爽，就说直率的话；对方保守，就说稳妥的话；对方崇尚学问，就说高深的话。这是语言之道，也是处世之道。

本书从理论上，讲述了练就说话艺术的重要性、提高说话技巧的途径和方法；在实践上，指导读者如何把握好沉默的分寸，把握好说话时机、说话曲直、说话轻重和与人开玩笑的分寸，把握好调解纠纷时和激励他人时的说话分寸，掌握如何与不同的人说话的技巧、不同场景下的说话艺术、怎么说别人才会听你的、最讨人喜欢的说话方式及如何说好难说的话等。

阅读本书，让你轻松面对尴尬、获取提升机会、扩大交际范围，在不同的场合、面对不同的人群，说好想说的话，说好难说的话，提高说话技巧，改变一生命运。

目 录

第一章　表达成功的前提：有的放矢，引起互动

准确性：表达要一语破的 /001

针对性：表达要量身定制 /004

感染力：表达的目的是改变对方 /008

修养：成功表达的必备前提 /012

场合：不同的场合说不同的话 /015

分寸：小心过犹不及 /019

第二章　最基础的说话艺术：心中有尺，嘴有分寸

说话不可口无遮拦 /022

婉转说话 /023

点到为止 /025

发生冲突时切忌失去理智 /027

拿不准的问题不要武断 /029

说话避开别人的痛处 /030

别人说话时，不要轻易打断 /032

第三章　必须战胜的阻碍：不良表达，无效沟通

别让恐惧扼住了喉咙 /035

不要在别人面前喋喋不休 /036

切忌粗俗无礼 /038

让紧张感为我所用 /040

积极地暗示自己 /043

正确认识自己的说话能力 /044

怯场绝不是你的专利 /046

主动营造减压的气氛 /049

第四章　化解尴尬的说话艺术：轻松调侃，转移话题

站在对方的角度说话 /053

掉转话头而言其他 /055

调侃一下自己 /057

装作不知道，说得更奇妙 /060

自嘲，给自己搭个台阶 /063

第五章　不粗鲁说话的艺术：用词巧妙，迂回暗示

巧妙类比，言在彼而意在此 /067

用不经意的话暗示别人 /069

侧击迂回，举重若轻显真功夫 /071

善用闲谈，化解尴尬 /072

淡化感情色彩，间接地表达你的不满 /074

说得巧，逐客令也能变得美妙动听 /075

第六章　道歉时的说话艺术：注意时机，真挚诚恳

道歉，时机很重要 /077

道歉态度要诚恳 /079

将道歉寓于赞美中 /080

第七章　调解纠纷的说话艺术：淡化事态，打好圆场

调解纠纷的"三宝" /082

打圆场要让双方都满意 /084

适当地褒一方，贬一方 /085

维护当事人的自尊心 /088

淡化争端的严重程度 /090

第八章　拒绝时的说话艺术：当机立断，敢于说"不"

说出内心的"不" /093

你怎样说"不" /095

构造真正说"不"的话语 /096

说"不"的个性话语 /097

说"不"者的个性话语 /099

用个性话语说"不" /103

彬彬有礼地说"不" /106

第九章　赞美他人的说话艺术：不同对象，巧妙夸奖

对男人和女人采取不同的赞美 /109

给他最想要的赞美 /112

如何赞美才能不被认为是拍马 /116

褒扬有度，点到为止 /120

赞别人没有赞过的美 /122

多在背后说他好 /126

用谦卑的心去赞美 /128

推测性赞美，妙上加妙 /131

第十章　不伤人的说话艺术：批评技巧，包含鼓励

私底下指出他人的缺点 /135

批评时别忘了夸一夸 /137

批评他人要就事论事 /139

意味深长的暗示是最好的批评 /141

给个意外的"赞许" /143

先批评自己 /146

第十一章　轻松说服的说话艺术：应用策略，言之有理

说服从"心"出发 /149

以对方利益为出发点 /152

先抬高对方再说服 /154

步步紧逼，巧舌游说 /156

讲道理时最好打个比方 /158

从对方得意的事说起 /159

利用同步心理好说服 /161

第十二章　幽默的说话艺术：言语诙谐，说出风趣

把拒绝的话说得幽默些 /163

用幽默平息他人的怒气 /165

用诙谐的话加深恋人间的感情 /166

让幽默增添自身的魅力 /169

生活中不妨多点幽默作为"调节剂" /171

幽默令自己充满亲和力 /174

谈判中用幽默化干戈为玉帛 /176

学会用戏谑化解尴尬 /178

第一章

表达成功的前提：有的放矢，引起互动

准确性：表达要一语破的

一个说话准确的人，总可以准确、流利地表达出自己的意图，也能够把话说得很清楚、动听，使别人很乐意接受。

在日常交谈的话语中，有不少词语在不同的条件下，往往有不同的含义，有的甚至完全相反，这就是"同语异义"的现象。它会给你带来不少麻烦，但也会带来许多便利。巧说"同语异义"比直言更能对听者产生强烈的吸引力，但如果运用不好则会带来很多麻烦。

《三国演义》中描写的曹操误杀吕伯奢一家的故事就很有借鉴意义。

曹操刺杀董卓未成，便与陈宫一道到曹父的义兄吕伯奢家求宿。吕伯奢热情接待。

曹操坐了一阵，忽然听到后院有磨刀的声音，于是，与陈宫蹑手蹑脚进了后院，只听得有人说："捆绑起来再杀！"

曹操对陈宫说："不先下手，咱们就要死了！"

说着，便与陈宫拔剑冲了过去，见一人便杀一人。他们搜寻厨房，这才看见那里有一只捆绑起来等待宰杀的猪。

这个故事虽反映曹操疑心过重，但"捆绑起来再杀"这句不明确的言辞，对促成曹操杀人也起了很大作用。这说明说话一定要谨慎。

第二次世界大战期间也发生过因"同语异义"而误会的事。当时，由于德军经常空袭伦敦，所以英国空军总是保持高度警惕。在一个浓雾弥漫的日子，伦敦上空突然发现了一架来历不明的飞机，英国战斗机立即升空迎击，到两机接近时，才发现这是一架中立国的民航机。

英国战斗机向地面指挥部报告了这一情况，请求指示。地面指挥部回答："别管它。"于是，英国战斗机发出一串火炮，把这架民航机打落了。后来，英国为此支付了一笔巨额赔偿才了事。英国战斗机和地面指挥部都负有不可推卸的责任。

首先是地面指挥部，不该用"别管它"这样语义不明的言辞来回答战斗机的请示。这既可以理解为"别干涉它，任它飞行"，也可以理解为"甭管它是什么飞机，打下来再说"。

战斗机的责任是在听到这样可作完全相反理解的命令后，应该再次请示，然后再采取行动，这样就不致铸成大错了。

可见，这个"别管它"就是一种"同语异义"的言辞。在遇到这种言辞时一定要慎重处理，切勿模糊不清，否则它会成为你与人沟通的障碍，甚至会得罪人。

一个公司的人员流动是正常的，对一个高明的部门主管来说，当有人走了以后，他要做的事情应该是如何通过自己的语言影响力来稳住留下来的人。但是，有很多部门主管并不注意这一点。

一个公司的部门经理手下有10个员工，有一天，4个员工提出辞职，这位经理感到很不安，他对留下来的6名职员说："那些精明强干的人都走了，我们的将来可是无法预料了！"显然，这句话得罪了留下来的6位雇员，使部门的气氛更加紧张。

也许这位部门经理对留下来的6位雇员并无贬低之意，可是由于他的不准确表达，使这6位雇员心理上产生了阴影，在日后的工作中，肯定会产生对抗情绪。

一个会说话的人，总能准确、流利地表达出自己的意思，也能够把话说得很清楚、动听，使别人很乐意接受。有时候还可以立刻从问答中了解对方的意图，并从对方的谈话中得到启示，增加自己对对方的了解，与对方建立良好的友谊。说话有失准确的人，不能完全地表达出自己的意思，往往会令对方听得费神，而又不能使人信服。

1916年，美国化学家路易斯在一篇论文中首次提出了"共价键"的电子理论。这个理论对于有机化学的发展具有重大意义。可是这一理论发表后，在美国化学界并未引起应有的反响，其中一个重要的原因便是路易斯不善言谈，没有公开发表演说，宣传自己的见解。

3年以后，美国另一位著名化学家朗缪尔发现了路易斯见解的可贵。于是，朗缪尔一方面在有影响的美国化学会会志等刊物上发表多篇论文，阐述和发展路易斯的理论，同时又多次在国内外的学术会议上发表演讲，大力宣传"共价键"。由于朗缪尔能言善辩，对"共价键"做了大量宣传解释工作，才使得这一理论被美国化学界承认和接受。一时间，美国化学界纷纷议论朗缪尔的"共价键"，而把这理论的首创者路易斯的名字几乎忘却了，有人甚至把它称作朗缪尔理论。

针对性：表达要量身定制

说话首先要看对方年龄，与长辈说话和与晚辈说话的分寸就不一样。

说话要有针对性，人与人之间的差异有时是惊人的。独特的个性、爱好，独特的知识结构、心理态势，使某个人只能是"这样"而不能是"那样"。因此，与不同的人交谈，就要采取不同的谈话方式。

我们主张说话一定要看场合和对象是为了遵循交际规律，在真诚待人、平等互利的基础上看对象说话，以科学的态度掌握人际交往的艺术。

长辈，特别是上了年纪的人的一大特点是喜欢追怀往事，如果你能令他回想起曾经的某一段美好时光，他会变得很快乐，喜欢同你说话，而一旦打开话匣子，就会有说不完的话。在同年纪较大的长辈说话时，应避免过多地谈及"老"，这样会使他觉得自己行将就木，感叹人生短促，引发他的伤感情绪。如果遇到一位"不服老"的人，他将会对你产生不满。因此，与长辈说话，不应该像与平辈说话那样无所顾忌，要注意分寸。

与长辈谈话，也不必过分表示你的恭敬有礼，或者勉强自己一定要听完他的长谈。由于老年人一般讲话缓慢，有时碰上一位融洽的闲聊者便会滔滔不绝，话无止境。因此，听他讲多长时间应随自己的兴趣而定。不管他如何漫谈，可以让他讲完一个完整的故事，然后借机离开。离开前对他的谈话表示热情的感谢，再礼貌地告别。

有些长辈，虽然年纪不小了，但还保持着年轻人的心态，他们会以幽默克服自己的弱点，对于社会仍能事事关心，甚至完全不觉得老。

但也有不少长辈，在独处时，会感到寂寞，有的还会因为老来多病而苦恼。对于他们，我们应该多给予关心，多讲一些安慰的话。想一想，总有一天我们也会像他们一样老，唤起自己的同情之心，同长辈谈话的分寸也就好掌握了。

如果是跟晚辈说话，不要摆老资格。经验这个东西绝非万能之物，如果老年人张口闭口就是"我当年如何如何……""你们年轻人该如何如何……"这样的话，相信没有哪个年轻人爱听。

长辈与晚辈相处，应多谈一些年轻人感兴趣的话题。所谓的经验，有时是有局限性的。此一时，彼一时，此一地，彼一地，环境千差万别，经验不可能永远万能。

有些老人在与晚辈谈话时，经常漫不经心、心不在焉，易使青年人感到自己被轻视，即使他面前的老人据其阅历、学识有足够的理由轻视他，他也很难愉快地接受这种轻视。这种情绪的影响，往往会堵住思想的闸门，使他不愿意再同老人多说，甚至可能把已经准备好的心里话，把急需和老人商谈的问题"咽"回去。

所以，与晚辈说话时，不应该轻易去否定他们的看法，应在作出中肯的分析后，帮助他们答疑解惑，给予热情的支持，即使年轻人的某些看法显得不成熟，显得幼稚、单纯、片面，也不要随便几句话便作出全盘否定。

说话时还要注意，不同的人有着不同的基本情况，要注意对方的性别、文化程度、身份、职务等。

对不同性别的人讲话，应当选择不同的方式。

一位男青年碰到了好多年不见的女同学，大声嚷嚷起来："你真是越长越'苗条'了！可惜啊，中国没有相扑运动。"女同学扭头就走，男青年讨了个没趣。

对于"老"字，男人一般觉得没多大关系；但若说某位女性老，她会非常不悦。

说话看对象，对方的文化程度也是很重要的一项。人口普查员填写人口登记表，问一个没有文化的老太太："您有配偶吗？"老太太说："你问我有没有买藕吗？"结果闹了个笑话。

说话还要看对方的身份职务。身份职务不同并不妨碍人际交流，下级对上级、晚辈对长辈、学生对老师、普通人对有名气有地位的人等，不应当也没必要表现得屈从、奉迎。但在言谈举止上则不要过于随便，有必要也应当表现得更加尊重一些。如学生与老师之间发生了矛盾，可以像同学之间发生矛盾一样平等地交流、沟通，但在说话上应当注意方式和措辞。

谈话对象还要分性格和心理状态。

性格外向的人易于和人交谈，性格内向的人多半沉默寡言，不善于主动与人交谈。同性格开朗的人谈话，你可以侃侃而谈；同性格内向的人谈话，就应注意分寸，循循善诱。孔子的"因材施教"用在这里也很恰当。

一次，孔子的学生仲由问："听到了，就去干吗？"孔子说："不能。"又一次，另一个学生冉求又问："听到了，就去干吗？"孔子说："干吧！"公西华在旁听了犯疑，就问孔子："两个人的问题相同，而你的回答却相反。我有点儿糊涂，故来请教。"孔子说："求也退，故进之；由也兼人，故退之。"意思是，冉求平时做事好退缩，所以我给他壮胆；仲由好胜，胆大勇为，所以我劝阻他。孔子教育学生因人而异，我们谈话也要因人而异。

不同的人在不同的情况下有不同的心态，有时候甚至不会从外部明显地表露出来，这时就应当洞察对方的心理，以便进行有效的交流。

说话一定要看对象，注意对方的心理状态，观察对方的性格特点，尽量避免说话时无意之间伤了人。

谈话还应注意的是，跟与自己关系不错的人说话，也要区别对待。

许多人结婚后，认为对方成了"自己人"，在语言和行为上不注意分寸，无所顾忌，想说什么就说什么，想怎么说就怎么说。这种在夫妻之间任其自然的做法有积极的一面也有消极的一面：积极的方面是可以使夫妻双方推心置腹；消极的方面就是有时不加考虑的言行会伤害对方。

如果是朋友惹恼了你，你可以在一段时间内拉开距离，直到气消后再去找他。但不管妻子对丈夫或丈夫对妻子多么生气，却无论如何是回避不了的。因此，体谅就显得非常重要，理解也成了把握分寸的基础。

最容易激起对方反感的莫过于拿别人的丈夫、妻子作比较，来贬低自己的丈夫或妻子："你看看人家老王，有手木匠活多好，光是每月给别人做几个大柜，就挣千八百！同样的收入，人家小陈家月月存钱，你呢？月月超支，怎么当家的？"

俗话说："人比人，气死人。"要是对方接受数落，咽下了这口气倒也罢了，就怕对方回敬你一句："你觉得他（她）好，怎么不跟他（她）过呀？"长此下去，夫妻关系必然产生裂痕。

跟朋友说话，要真诚、实在、和气，但这样不等于不讲究说话技巧、不需要分寸。话说得好，可以加深朋友之间的感情；话说得差，不讲究方式，迟早会使朋友疏远，甚至得罪朋友。

多说对朋友有好处的话。在中国，中庸之道是一种至高的做人法则，掌握了这一法则，便会在生活中游刃有余。交友也讲中庸，除了"谈而不厌"外，还要"简而文""温而理"，简略却文雅，温和且合情理。

在说话过程中知己知彼，才能"百说百灵"。

同样的话，可能这个人说，你很愿意接受，而换了另外一个人说，不但不接受而且还产生了反感，因此，说话要分对象，要有针对性。

感染力：表达的目的是改变对方

说话富有感染力的人，自然会给周围的人增添快乐，也会给自己增添不少魅力，同时，他的话很容易被人听进耳朵里。说话的感染力在演讲中的体现最为典型。

一个演讲者的感染力可以说成是他演讲的生命力，如果一次毫无情感和美感的演讲，可能大家会感觉无趣。演讲者的情感越深厚，就越能吸引人、打动人，越能拨动每一个听众的心弦。

成功的演讲者总是很善于以独特的眼光和艺术的敏感，去发现和选取生活中那些独具浓厚感情的演讲，也很善于以独特的艺术智慧去构思和表现，这是独特性的双重内容。

演讲的情感是演讲家创造性劳动的体现，它不是对生活感受的简单复述，而是进行提炼和加工。只有这种独特的艺术情感，才可能是富有魅力的，才可能给人以强烈的艺术感染。演讲实践证明，一位演讲者所传达的感情越是独特，对听众的影响就越大。独特的认识宛如闪电，照亮听众的心房；独特的情感宛如惊雷，震撼听众的心灵；独特的演讲是激情的表达，是演讲风格的表现。

演讲术辩证法特点之一，表现在理性与情感的统一。只强调理性和逻辑，而不重视情感的表达，往往会起消极作用，会降低听众的接受程度。而在演讲中做到理性和情感的统一，做到在热烈的情绪中体现深刻的主题和内容，才能保证演讲取得预期的成功。

演讲的感染力还有一个重大来源，即演讲美感。

优秀的演讲者是美的使者，成功的演讲活动是对美的传播和塑造。一般来说，演讲美感包含几个方面的内容。

1. 演讲者的美

它是指演讲者显示出的一种刚烈、强劲、雄浑、博大、激昂甚至悲壮的美。这样的演讲始终充满着真与假、美与丑之间的激烈斗争，显示出磅礴的气势和战斗的风采，它给听众的是信念，是力量，是付出巨大的代价而必然战胜假丑恶的坚定，是无私、勇敢甚至牺牲所显示出来的伟大的精神力量。这样的演讲往往是慷慨陈词、壮怀激烈，语言短、节奏快、掷地有声，并伴有坚定、昂扬、奋起般的情态动作，显示出不屈的凛然正气。

2. 演讲的人格美

它是演讲美感的重要组成部分，是演讲反映出来的演讲者的道德美、情操美、品格美，是演讲者内在精神美在演讲过程中的真实表露。

演讲者的人格美并不是为演讲的需要专门设计的，也不是在演讲时临时形成的，而是演讲者平时一贯的表现，它是演讲者人格美的基础和源泉。一个演讲者如果平时不注重对人格美的培养，依靠临时装是无济于事的。

表现一贯的人格美包括气节修养、理想修养、品质修养、言行修养、情感修养和理论修养等。

3. 演讲的内容美

它与演讲的形式美和人格美统一构成演讲美，在演讲美中占主体地位，是具有决定性的要素。演讲的内容美是由演讲的事物、道理、情感和知识四个要素构成的，但却不是四个要素相加之和。四个要素必须形成一个和谐统一的整体才能构成内容美。内容美只属于事物、道理、情感和知识相互联系、相互作用、和谐统一形成的整体结构，而不属于某个单一要素。

演讲美感是这三大方面高度、灵活的统一，在美感中加入情感，共同构成了一篇成功演讲词的感染力。苏联著名作家阿·托尔斯泰是高尔基的学生，他在追悼会上发表的对恩师的悼词"用永不颓丧的词语高举艺术的火炬"给听众留下了深刻而清晰的印象，并且让人信服，乐于把一些思想见解自然而然地吸纳并转化为自己的认识，这完全得益于他在制造感染力方面的天赋。

"在这座古老的广场上，人民几千年都在为自己创建着国家，为大众建立了国体的最高形态。我们在这儿聚会，是为了把这位不仅属于我国而且属于世界人民的作家的骨灰盒安放进名人墓。

"艺术家高尔基的诞辰是在19世纪60年代。少年彼什科夫在自己心灵美妙的深处积聚了革命前那个时代所有爆发性的力量：积聚了受屈辱、受压迫人们的满腔悲愤、所有令人痛苦的期盼、所有寻找不到出路的激情。

"他替别人感受到了市侩的、小市民的和警察拳头下黑沉沉堡垒的滋味。他不止一次发疯似的搏斗，单枪匹马为保护被侮辱、被欺压者而与许多人作对。这样到了19世纪90年代，这个高高、瘦瘦，背有点驼，有着一双蓝眼睛的少年，怀着一颗勇敢、炽热的心，在那个受欺压、剑拔弩张、死气沉沉的可怕岁月里发起了反抗。

"他说，谁有一颗活人的心，就该去砸烂这万恶的小市民的麻木不仁状态，到广阔的空间去，去点燃自由生活的篝火！

"他用强有力的笔触急不可耐地、天才地勾画出剥削阶级愚蠢的禽兽面目。这就是那张俄罗斯式的、涂上了阴沉油彩的贪得无厌的嘴脸，请欣赏吧！"

这篇演说词的主要特点是：采用形象、生动、明快、简洁的语言风格；形式上，注重词语的锤炼，字字落实，不说空话、套话、闲话、废话，多分段，一个意思形成一个自然段，而且只作概括的叙述或评价性、结论性的议论，不加以烦冗地、多余地展开；注重概括，使每一个字、词、句子、自然段都带有对人、对事的概括性，即使以物质形态出现的语言，几乎都是思想本身，而且是高密度、高质地的，加之这些概括本身的独到性、精当性、警策性，就使这篇演讲词从形式到内容都堪称经典。

阿·托尔斯泰把自己对于文学恩师的真挚、深厚、浓烈的感情，凝聚在一篇小小的千字悼文中，使这篇演讲词充溢着显著的感情色彩和对自己民族、时代的文学巨人的深刻的理解与由衷的钦敬，读来非常感人。

如果我们平时说话能有演讲词一半的感染力，那我们所说的话就很容易打动对方，得到更多的认同。

修养：成功表达的必备前提

口才是一种表达情意、与人交际的才能，但它不只是靠语言完成的，还要靠风度。

口才不同于在规定时间内去完成一件工作或起草一篇文章，更不像饮一杯茶、打一场球那样来得愉快轻松。口才的完善实质上是很长一段时间集思想、语言行为、仪态、情绪等各个方面综合磨炼的过程，亦是培养内在修养的过程。在口才的积累中，这一过程应视为心理的准备与承受过程。一个人若只有语言能力，那么还不足以广受欢迎，必须抱着不寻常的心与人交往，才能使相处变得饶富趣味。

有些人喜欢抬杠，搭上话就针锋相对，无论别人说什么，他总要反驳。他本来一点成就也没有，你说是时，他一定要说否，当你说否时，他又说是了。这是不好的习惯，犯这种毛病的人很多，而且每每自己不知道。为什么会这样呢？因为他不喜欢听取别人的意见，在心目中只有自己，而且他自以为比别人高明，事事要占上风。即使真的见识比别人高明，这种态度也是要不得的。这种习惯会使人失去一切的朋友和同事。唯一的方法是养成尊重别人的习惯，要知道，在日常谈论的十有八九没有绝对是非标准的问题当中，你的意见不一定对，而别人的意见也不一定错，那么你为什么每次都要反驳别人呢?

在口才的内在修养上，修养本身是修内在的承受力与胸怀，重要的是别把自己的工夫花在装腔作势上。我们无法更清晰地剖开所有人的"外衣"，只是我们潜意识里感到，一个人在具有好口才的同时，一定要认清自己，使心理与行为一致。通过自我研究，便能够客观地了解自己，就会发现自己的长处和短处了。如果能够养成这样一个习惯，对自己的工作、学习和生活会非常有帮助，并且只要不断地努力下去，你的潜能终会逐日显露出来，你拥有的长处也就能获得充分施展了。

说到口才修养，不得不提口德，"德"可以说是口才的灵魂。

从道义上来说，有些词语我们应尽可能避而不用，比如"矮冬瓜""私生子""白痴"等，因为，一旦触及这些方面时，对方的理智会立刻消失，代之而起的是愤怒。

口德除了伦理道德，还包括其他的一些层面，比如政治道德。这对口才的影响很大，良好的政治道德情操将使你在面对任何难题时临危不乱，挥洒自如。

1931年，"九·一八"事变前后，我国著名生物学家童第周在比利时布鲁塞尔大学做研究工作。当时，日寇炮轰沈阳，占领我国东北。这个消息激起了童第周的满腔愤慨。他联合了许多留学生，发起抗日示威游行。比利时当局以"扰乱治安罪"审讯他，他理直气壮地回答："传单是我写的，游行是我带的头! 但是，这不是扰乱治安，这是中国人的志气，是完全正义的。"他用自己的高尚情操、雄辩口才，维护了祖国尊严，维护了正义，赢得了世人的尊重。

一个注重言语修养的人，一个有益于他人的人，自然易于为他人所接受，他的话也就可能被别人奉为圭臬。"文如其人"是从写作角度说的，我们也完全有理由说"言如其人"。心理上的专注力、耐受力、进取心等品质也将使你更具个人魅力，使你的口才更富内涵。

加强沟通和交流是现代社会的鲜明特征。毋庸置疑，一个经常发表真知灼见的人会给人以启迪和帮助，在交际中容易取得被人认可、受人尊重、得到重视的优越位置。但是发表己见是很有讲究的，处理得当，你的意见便能充分展现，反之则不能如愿。对此，一定要注意下面几点：

1. 见隙发话，不抢话争话

自己有真知灼见希望尽快发表出来，这种心情是可以理解的。但你同样也要给别人发言的机会，不能迫不及待，在他人侃侃而谈时，硬是打断对方的话，让自己一吐为快；或者他人正欲发言时，你捷足先登，把别人已到牙根的话硬是挤回去，让自己畅所欲言。发表己见首先应具备的修养就是耐心，待别人充分发表了意见之后，或轮到你时，你再发言不迟，这不仅不会减轻你发言的分量，还会调动大家的情绪。

2. 尊重他人，不随便否定他人意见

尊重对方是交际的一项基本原则。说话是人的思想的反映，尊重他人的意见，也就如尊重他这个人一样。但有些人为使自己的意见突出，引起他人对他谈话的充分认同，常自觉不自觉地对他人的意见加以贬低、否定，结果引发了对方的不满，不仅自己的意见未得到重视，反而遭到冷落和否定，自己的形象也受到贬损。有些善说话者，在发表己见时，恰恰采取相反的态度，他们会巧妙地从不同角度对对方的意见加以肯定和褒扬，甚至采取顺势接话、补充发言的方式陈明己见，这样对方就会保持一个积极的良好的心态倾听他们的高论，他们的意见圆满发表了，他们的风格也显示出来了。

3. 注重语德，不要话中带刺

发表己见应把自己的意见、主张陈述出来，平心静气，用语讲究，不可话中有话，含沙射影，于言辞之间讽刺挖苦别人。不可否认，别人意见未必精当，有些还于你不利，但谈话本就是一种沟通和协商，大家都把意见摆出来了，真理和谬误自现。那种冷嘲热讽、话中带刺的方式显然是不友好的，不仅难以达到交换意见的目的，还会导致双方形成对立关系，对别人是贬损，对你也毫无益处。

4. 发扬民主，尊重他人

发表己见当然希望别人洗耳恭听，希望得到别人的注意和重视。但能否如愿，主要看别人。作为说话者，要做的是提高自己的说话水平和认识能力，使自己的意见足以引起听众的注意和震动。有些人发表己见时舍本逐末，不注意把自己的意见加以斟酌、优化，而是通过外在形式控制听众听的态度和情绪。

场合：不同的场合说不同的话

说话必须要注意场合，若不注意这点，说一些不适宜的话，往往会起到与初衷适得其反的效果。

说话总是在一定场合中进行，并受其影响和制约。说话水平的高低、效果的优劣，不仅和表达的内容有关，也与具体场合密切相连。场合不同，人的心理和情绪也往往会随之发生变化，从而影响说话者对思想感情的表达以及听话者对话语意义的理解。说话时无论是话题的选择、内容的安排还是言语形式的采用，都应该根据特定场合的表达需要来决定取舍，做到灵活自如。

一般说来，在非正式、非公开场合，如家人、夫妻、密友之间的私人交谈，街坊邻里茶余饭后的品茗闲聊，三朋四友酒席宴上的横扯竖侃，师生同事邂逅相遇的问候致意，可以随便一些、轻松一些，措辞不必那么讲究，即或出点格也无妨。而在正式、公开场合，如作报告、演讲、谈判、辩论、会议发言、答记者问、主持节目、讲课以及外事活动等场合，就应严肃、认真，尽量选准词语，把握分寸，绝不可信口开河、胡言乱语。

场合有庄重和随便之分。"我特地看你来了"，表示专程来看你，显得庄重；"我顺便看你来了"，则有点随随便便来看的意思，有可能会减轻听话者的负担。可是，在庄重的场合说"我顺便看你来了"，显得不够认真、严肃，会给听话者的心理蒙上一层阴影。在日常生活中，明明是"顺便来看你"，偏偏说成"特地看你来了"，则显得有些小题大做，使对方十分紧张。

某地区由于水中含铝超标，已经致使十几个人脑受损医治无效而先后死去，医院里还有些同样情况的病人处于危险状态。政府决定彻底查清原因，采取防治措施。为此，环境部、卫生部的负责人、专家们和有关的医生们举行了讨论会。会间休息时，环境部部长指着医生对大家开玩笑说："你们知道他们和阿连特加地区最近死去的那些人有什么关系吗？他们将那些人弄到金属回收厂，从那些人的肾脏中回收铝。"

这当然是说笑话，怎么可能从人体中回收铝呢？但是，在这样不幸的令人焦灼不安的时刻和场合开这样的玩笑，实在不应该。结果，这位环境部部长随后声明道歉，并引咎辞职。

在正式场合，说话应严肃认真，事先得有所准备，不要乱说一气。非正式场合说话则可以随便一点，像聊家常一样。

如果对方是家里人、亲戚或较亲密的朋友，那么说起来可以随意，但如果与对方陌生或者不太熟悉，则有必要谨慎小心，不要随便开玩笑，以免引起对方的不快或令对方尴尬。

一般来说，说话应该与场合中的气氛协调。在喜庆欢快的场合，说话应有助于欢快气氛的增加，切忌说晦气话，例如，王蒙在《表姐》一文中写道：

表姐非常关心别人，但关心往往成为担心，以不祥的预言的形式表现出来。邻居生了一个白白胖胖的小子，很招表姐喜爱，表姐就说"真怕他得了脑膜炎……"表弟买了一辆自行车，她就把"撞到汽车上""被贼偷走"等话挂在嘴上。我的功课学得好，她就说："会累出病来的。"她总是在担忧，有些担忧显得可笑，住进新房子担心房屋倒塌，吃了西瓜担心得痢疾；但往往很多事情不幸被她言中……听着她的话，简直像一个猫头鹰的诅咒一样令人产生反感……

如果你有这样一位表姐，你也会很厌烦的。

说话场合还有该说与不该说之分。在许多场合，好口才却不能派上用场甚至还会产生副作用，而于交往不利。这时，缄口不语——闭着嘴巴不说话，反倒更利于与人打交道，更能收到交往的预期效果。

例如，在一个人情绪失控的情况下，任何安慰都难以使当事人接受，不如等他冷静下来，等他恢复了理智，再同他交谈为好。

在丧葬场合，说任何喜乐的话、玩笑的话，都会引起当事人的不满；安慰丧亲的不幸者，说急于劝阻对方恸哭的话也是没有作用的，强烈的悲痛如巨石积压在心头，越压越重，不吐不快，让其宣泄、释放出来，反而有利于较快恢复心理平衡和平静的状态。

有些人遇到麻烦的时候，常常喋喋不休、唠叨不止，殊不知这样正好暴露了自己的弱点。处在尴尬情况下，与其聒噪不停甚至说错话，倒不如保持沉默。宋代词人黄昇在他的《鹧鸪天》中这样说："风流不在谈锋盛，袖手无言味正长。"这是不无道理的。

庄子曾经说过："大辩不言。至人之用心若镜，不将不迎，应而不藏，故能胜物而不伤。"意思就是：最有口才的人，往往表现在善于闭着嘴巴不说话。其心里像镜子一样明亮，虽然清晰地映照着事物，但却任事物来去而不加以迎送。因此能够自若地应接事物而不劳心神，最终战胜事物而自己却无任何损伤。

"不说"确是人际交往中的一件法宝。那么在哪些情况下应当不说呢？

（1）在对方提出无理要求而且又迫不及待之时。

（2）面对无休止的纠缠之时。

（3）面对恶意挑衅时。

（4）面对狂躁、震怒时。

（5）当下属或孩子有小过错且又有所醒悟时。

（6）当听众精力分散、窃窃私语时。

（7）不速之客来访，久坐不去，而自己又没时间与之闲侃时。

说话人的言辞表达，不是在任何时间、任何地点都可以随心所欲地进行的，必须加以选择。同一句话，在这个时间、这个地点，可以说；但在另一个时间、另一个地点，就不一定可以说。不可以说而说了，就可能影响交际效果甚至出乱子。

分寸：小心过犹不及

世上能够把握分寸的人总占少数，也许这就是成功者总是少数的原因。

世上早有"为人处世和说话办事要讲分寸"的劝勉，但"分寸"到底在哪里，大多数人却未必都能说得清。能说清这二字的人，可以说，都是聪明、练达的人。有人说，通往成功的路有多条，殊不知每一条路上都布列着大小不一的"分寸"二字，不管是与人说话、与人交往、与人办事，差不多都深深蕴藏着分寸的玄机。很明显，一个人在社会上把握不好分寸，就说不好话，办不好事，也更难做到愉快地与人交往，这样的人，不识分寸的眉眼高低，怎么会顺利地跨过成功的桥梁呢？

从一定意义上说，分寸是一种不偏不倚、可进可退的中庸哲学。但中庸之道的抽象，不足以恰当地把握其中的内涵，而分寸之道，却是一种被形象化了的尺度，更易于让人明确地把握，具有可为人所用的实际操作性。

要想做到更好地理解分寸，不妨先看看分寸的历史渊源。孔子曰："中庸之为德也，甚至矣乎，民鲜之矣。"意思是说，中庸是一种最高的德行，人们很久都不具备这种道德了。何谓中庸？即"不偏不倚""过犹不及"。在孔子看来，凡事如果"过"了，就违反了中庸之道，就是不讲分寸。因此他说："君子中庸，小人反中庸。"说白了就是君子讲分寸，小人不讲分寸。

历数古今中外的成功者，特别是那些开国创业之君、霸业守成之主或那些历朝历代在仕途上春风得意的人，差不多无一不是知轻重、识眉眼、懂分寸的睿智之士。世人通常提到的所谓"会说话""会办事""有人缘""识大体""知礼节"几乎都是分寸之道的体现。想想那些碌碌无为的庸俗之人，也想想自己曾经碰过的钉子、跌过的跤、吃过的苦头，哪一桩哪一件不是因为分寸使然呢？

人们在为人处世时确实存在一个把握分寸的问题，处理得好，能使生活和谐圆融，处理得不好就会导致不良结果，轻则受到非议与谩骂，重则自毁口碑或功败垂成。寻求这方面的实例无须在故纸堆中钩沉，现实的实例就数不胜数。

分寸，往往是生活长河中的一个分水岭，超越它，好与坏、善与恶、爱与恨、喜剧与悲剧就可能发生转化。

通常所说的"掌握火候""矫枉过正""过犹不及""欲速则不达"等讲的都是这种"火候"和"分寸"的问题。

说话有尺度，交往讲分寸，办事讲策略，行为有节制，别人就很容易接纳你，帮助你，尊重你，满足你的愿望。反之，你不懂分寸、说话冒失、举止失体、不识深浅、不知厚薄，就会人人讨厌，事事难为，处处碰壁。

说话的尺度和办事的分寸类似于一匹宝马，驾驭好了可以日行千里，帮你冲锋陷阵；驾驭不好就会让你摔跟头，甚至踢伤别人。

如果不掌握分寸，不在乎分寸，企图跨越它所框定的界限，只想急于求成、立竿见影，除了揠苗助长、事与愿违、多栽几个跟头之外，不会有别的结果。

懂得讲话技巧的人，能把一句原本并不十分中听的话，说得让人觉得舒服。有一位著名企业的总裁，当他要属下到他办公室时，从来不说："请你到我的办公室来一趟！"而是讲："我在办公室等你！"

有个人在交际场合中一言不发，哲学家狄奥佛拉斯塔对他说："如果你是一个傻瓜，那你的表现是最聪明的；如果你是一个聪明人，那你的表现便是最愚蠢的了。"

没有好的人缘，不知要失去多少成功的机会，干多少事倍功半的事情。人缘依靠什么维护？靠的就是嘴上的分寸，一句话说过了，可能毁掉一生前途，正所谓"一着走错，满盘皆输"。

第二章

最基础的说话艺术：心中有尺，嘴有分寸

说话不可口无遮拦

与人说话要讲究方圆曲直，该说的说，不该说的就不要开口，可实际上，有的人说话口无遮拦，以致给自己带来不必要的麻烦。

说话不可口无遮拦，要恰当地回避他人忌讳的东西，才能使双方的交流更为融洽。

朋友聚会，大家不免要开开玩笑，玩笑不伤大雅无妨，不有意无意揭人伤疤也无妨。这样可以使气氛更欢愉，彼此沉浸在往事的回忆中，倒是一种乐趣。然而，有时不该说的说了，就会使气氛骤变，若是有朋友携好友或恋人同往，情况还会更糟。

小张长得高大魁梧，在大学校园内有"恋爱专家"的雅号。如今他是一家外资公司的高级职员。有英俊的长相、丰厚的薪水

的他在众多的女孩中选择了貌若天仙的小丽作为女友。也许是为了炫耀自己的能耐，小张带着小丽去参加朋友聚会。

就在大家天南海北闲谈的时候，同学老王转了话题，谈起了大学校园罗曼蒂克的爱情故事，故事的主人公自然是"恋爱专家"小张。老王眉飞色舞地讲述小张如何引得众多女生趋之若鹜，又如何在花前月下与女生卿卿我我。小丽起先还觉得新奇，但越听越不是味，终于拂袖而去。小张只好撇下朋友去追小丽。

老王并不是有意要揭小张的伤疤，而他的追忆往事确实使小丽耳不忍闻，无端造出了乱子。这不仅会使小张费周折去挽回即将失去的爱情，而且使在场的人心里也不愉快。

总之，无论在什么场合、什么情况下都要把握说话分寸，尽量做到该说的说，不该说的就不说，创造一个和谐的氛围。

婉转说话

在某些特定的场合，如果把话说得太直、太透，可能会引起对方的不满或者对自己产生不利的影响，但意思又不能不表达。这时，如果采用"借他人之言，传我腹中之事"的方法，借用一个并不在场的第三者之口说出，便可以弱化对方的不满和对我方的不利影响。这种方法就是近话远说。

近话远说能够人为地拉开话题与现场之间的距离，给双方留下一个缓冲带。

说话婉转，在表达了自己的意见的同时，也为自己留了条后路。

对于不宜直言的问题，婉转说出来，有时会让自己化险为夷，不信看下面这个例子：

我国古时候，有一个县官很喜欢附庸风雅，尽管画术不佳，但画画的兴致很高。他画的虎不像虎，反而像猫，并且，他每画完一幅画，都要在厅堂内展出示众，让众人评说。大家只能说好话，不能说不好听的话，否则，就要遭受惩罚，轻则挨打，重则被投入监牢。

有一天，县官又完成了一幅"虎"画，悬挂在厅堂，召集全体衙役来欣赏。

县官得意地说：

"各位瞧瞧，本官画的虎如何？"

众人低头不语。县官见无人附和，就点了一个人说：

"你来说说看。"

那人战战兢兢地说：

"老爷，我有点怕。"

县官："怕，怕什么？别怕，有老爷我在此，怕什么？"

那人："老爷，你也怕。"

县官："什么？老爷我也怕。那是什么，快说！"

那人："怕天子。老爷，你是天子之臣，当然怕天子呀！"

县官："对，老爷怕天子，可天子什么也不怕呀！"

那人："不，天子怕天！"

县官："天子是天老爷的儿子，怕天，有道理。好！天老爷又怕什么？"

那人："怕云。云会遮天。"

县官："云又怕什么？"

那人："怕风。"

县官："风又怕什么？"

那人："怕墙。"

县官："墙怕什么？"

那人："墙怕老鼠。老鼠会打洞。"

县官："那么，老鼠又怕什么呢？"

那人："老鼠最怕它！"来人指了指墙上的画。

被点名的差役没有直接说县太爷画的虎像猫，而是婉转地表达出来，让县官在众人面前保住了脸面，又让自己避免了一场灾难。

点到为止

事情有缓急，说话有轻重。有些人在日常交际中，对问题缺乏理智，不考虑后果，一时性起，说话没轻没重，以致说了一些既伤害他人，也不利于自己的话。

有一对夫妻吵架，两人唇枪舌剑，各不相让，最后丈夫指着妻子厉声说："你真懒，衣服不洗，碗也不刷，你以为你是千金小姐呢，什么都不会，脾气还挺大，要你有什么用，不如死了算了。"妻子一气之下割脉自尽，丈夫后悔已经来不及了。

这样的例子在日常生活中屡见不鲜。这类说"过"了、说"绝"了的话，虽然有一些是言不由衷的气话，但是对方听来，却很伤心，故常常引起争吵、嫉恨甚至反目成仇。俗话说"过火饭不要吃，过头话不要说""话不要说绝，路不要走绝"，正是对上述不良谈吐的告诫。

如果听话人是一个非常明白事理的人，你说的话就不必太重，蜻蜓点水，点到即止，一点即透，因为对方就像一面灵通的"响鼓"，鼓槌轻轻一点，就能产生明确的反应。对这样的人，你何必用语言的鼓槌狠狠地擂他呢？

赵明是工厂的一名班组长，最近他的班组调来一个名叫王楠的人，别人对王楠的评语是：时常迟到，工作不努力，以自我为中心，喜欢早退。过去的班长对王楠都束手无策。第一天上班，王楠就迟到了5分钟，中午又早5分钟离开班组去吃饭，下班铃声响前的10分钟，他已准备好下班，次日也一样。赵明观察了一段时间，发现王楠缺乏时间观念，但工作效率却极佳，而且成品优良，在质管部门都能顺利通过。于是，赵明对王楠微笑着说："如果你的时间观念和你的工作效率同样优秀，那么你将成为一个完美的人。"以后赵明经常跟王楠说这句话。时间久了，王楠反而觉得过意不去了，心想：过去的班长可能早就对我大发雷霆了，至少会斥责几句，但现在的班长毫无动静。

感到不安的王楠，终于决定星期一准时上班，站在厂门口的赵明看到他，便以更愉快的语气和他打招呼，然后对换上工作服的王楠说："谢谢你今天能准时上班，我一直期待这一天，这段日子以来你的成绩很好，如果你发挥潜力，一定会得优良奖。"

赵明对待王楠，没有采取喋喋不休的方式批评而是点到为止，让其自动改正错误。

小宋是一位小学语文教师，他不满某些社会现象，爱发牢骚，甚至在课堂教学中有时也甩开教学内容，大发其牢骚。很显然，他缺乏教师这个角色应有的心理意识。校长了解这种情况后，与他进行了一次交谈。校长说："你对某些社会不良风气反感，对教师待遇低表示不满，这是可以理解的。心中有气，尽管对我发吧，但是请你千万不能在课堂上发牢骚。少年的心灵本是纯真幼稚的，他们对有些事缺乏完全的了解和认识，你与其发牢骚，何不把那份精力用来给学生讲讲如何振兴祖国？这才是一个称职的教师应该做的。"听了校长这一番语重心长的话，小宋认识到当教师确实不能随意把这种满腹牢骚的心理状态表现出来，不然，会对学生产生不良的影响。从此以后，他再也没有在课堂上发牢骚了。

同样，校长如果不把握说话的轻重，直接说："你这样做是缺乏修养的表现，不配做一个教师。"那么结果又会怎样呢？

说话要把握轻重，点到为止，给人留面子，才能达到说话的目的。

发生冲突时切忌失去理智

人与人之间难免因某种原因产生摩擦，这时，如果把话说得过重，就会使矛盾激化，相反，如果克制自己的情绪，则会让事情平息下来。

日本一位得过直木奖的作家藤本义一，是个颇为知名的人。

一次，他的女儿超过了晚上时限10点钟，于12点方才带醉而归，开门的藤本夫人自是破口训斥了一顿，之后还说："总而言之，你还是得向父亲道个歉。"

顿时，她也清醒了不少，感到似乎大难就要临头了，于是便怯怯地走向父亲的卧房，面色凝重的父亲却只说了句："你这浑蛋！"之后便愤然离去，留下了无言的女儿独自在黑暗中。

虽然只是一句话，但却深深刺痛了她的心，然而晚归之事，自此便不再发生。

为人父母者都有责备孩子的经验，多半也了解孩子可能有的反抗心，所以要他们反省是相当困难的。通常会以一句："你是怎么搞的，我已经说过多少次……"想让他们了解并且反省，此时他们若有反抗的举止，父母又会加一句："你这是什么态度！"然后说教更是没完。

如此越是责骂，反抗心便越是高涨，越是希望他们反省，反越得不到效果，于是情况就会变得更糟，但藤本义一的这种做法，使他女儿的反抗心根本无从发泄，反而转变为反省的心。

因藤本夫人的一顿训斥，已足够引起女儿的反抗心，但藤本义一却巧妙地将它压住，反而使女儿的内心感到十分歉疚，因为父亲的一句"浑蛋"，实胜过许多无谓的责骂，她除了感激，实在无话可说。

压制自己的情绪，在遇到愤怒的事情时，切勿失去理智，口不择言。通常有些"过头话"是在感情激动时脱口而出的，人们为了战胜对手，往往夸大其词，着意渲染，"攻其一点，不及其余"，甚至使用污言秽语。如夫妻吵架时，丈夫在气头上说："我一辈子也不想见到你！"这话显然是气话、"过头话"，是感情冲动状态下的过激之言。事过之后，冷静下来，又会追悔莫及。所以，在情绪激动时，要特别注意控制，切莫怒不择言，出语伤人。同时，因为双方有矛盾，说话就难免很冲、带刺，如果你也采取同样的态度回击，则积怨更深，最好的办法就是避其锋芒。钢刀砍在石头上，肯定会溅起火星，如果钢刀砍在棉花上，则软而无力。对方一定不会再强硬下去。历史上廉颇与蔺相如"将相和"的故事告诉我们的就是在与有误解或隔阂的人相处时，应避其锋芒，不要硬碰硬，不说过头话，使用的语气不要咄咄逼人，如果一方能主动示弱，便有利于矛盾的化解。

拿不准的问题不要武断

一般人并不怕听反对自己的意见，不过人人都要自己用脑筋去考虑一下各种问题。对于自己拿不准的事情，都要多听一听，多看一看，然后再下判断。

为了给别人考虑的余地，你要尽量缓冲你的判断结论。把你的判断限制一下，声明这只是个人的看法，或者是亲眼看到的事实，因为可能别人跟你有不尽相同的经验。

除去极少数的特殊事情外，日常交往中，你最好能避免用类似这样的语句来说明你的看法。如"绝对是这样的""全部是这样的"，或者"总是这样的"。你可以说"有些是这样的""有时是这样的"，甚至你可以说"大多数人都是这样的"。

凡是对自己没有亲历，或不了解的事实，或存有疑点的问题发表看法时，要注意选择恰当的限制性词语，准确地表达。如说："仅从已掌握的情况来看，我认为……""如果情况是这样的话，我认为……""这仅仅是个人的意见，不一定正确……"这些说法都给发言做了必要的限制，不但较为客观，而且随着掌握的新情况的增多，有进一步发表意见，或纠正自己原来看法的余地，较为主动。

有时是因事实尚未搞清，有时是因涉及面广或者自己不明就里，都不宜说过头话，而应借助委婉、含蓄、隐蔽、暗喻的策略方式，由此及彼，用弦外之音，巧妙表达本意，揭示批评内容，让人自己思考和领悟，使这种批评达到"藏颖词间，锋露于外"的效果。例如，可以通过列举和分析现实中他人的是非，暗喻其错误；通过列举分析历史人物的是非，烘托其错误；也可通过分析正确的事物，比较其错误等。此外，还可采用多种暗示法，如故事暗示法，用生动的形象增强感染力；笑话暗示法，既有幽默感，又使他不尴尬；逸闻暗示法，通过逸闻趣事，使对方受批评时，即使受到点影射，也易于接受。总之，通过提供多角度、多内容的比较，使人反思领悟，从而自觉愉快地接受你的意见，改正错误。

说话避开别人的痛处

每个人都有自己的忌讳，人人都讨厌别人提及自己的忌讳。说话时如不小心就会冲撞了对方，引起别人的反感，有的甚至招来怨恨。

小马先天秃头。一天，大家在一起聊天，得知小马的发明专利被批准了。小陆快嘴说道："你小子，真有你的，真是热闹的马路不长草，聪明的脑袋不长毛。"说得大家哄堂大笑，小马的脸也红了起来。

开玩笑的人动机大多是良好的，但如果不把握好分寸、尺度，就会产生一些不良的后果。所谓"说者无心，听者有意"。因此掌握说话的艺术需要我们在生活中多观察、多总结，避开别人的痛处，只有这样，才能够准确恰当地与他人沟通。

在生活中，夫妻双方发生争执是很正常的事，但有的人口不择言，喜欢揭对方短处或对方丑处，甚至当众让对方出洋相，让对方无地自容，从中获得快感，以降服对方。比如丈夫对妻子说："女人嘛，做得好不如嫁得好。你不但不'会做'，就是会做，若不是嫁给我，你今天能活得这么滋润、这么尊贵吗？"或者对对方说："别以为你拿了大本文凭就了不起，蒙得了别人，蒙不了我，不就是拿钱买来的吗？""我那位啊，在别人面前人模人样，在家里我让他学鸡叫就学鸡叫，我让他学狗爬就学狗爬，熊样儿！"这样的话太伤人的自尊心，但偏有人十分喜欢说，意在取得更优越的地位。

最容易戳到对方痛处的时候，是安慰别人的时候。别人正在痛苦之中，如果在安慰时不注意，揭了人家的疮疤，那可真是火上浇油。比如一个人失恋了，伤心不已，不能自拔。这时最合适的安慰方法是和失恋者一起找一些快乐的事，让他（她）在交流过程中慢慢消减痛苦。而应避开一些话题，不要不分青红皂白，故作高深地来一句："我早就看出他（她）不是好东西。""他（她）这是存心骗你，当初说爱你的那些话都是假的。""你不知道他（她）是在利用你啊？"使失恋者伤心之余，又多了一些寒心。

如果真的一不小心戳到了别人的痛处，我们应该尽快采取补救措施，比如转移话题。

某学生寝室，初到的新生正在争排座次。小林心直口快，与小王争执了半天，见比自己小几天的小王终于叨陪末座，便说道："好啦，你排在最末，是咱们寝室的宝贝疙瘩，你又姓王，以后就叫你'疙瘩王'啦。"说者无心，听者有意。原来小王长了满脸的疙瘩，每每深以为恨，此时焉能不恼？小林见又惹来了风波，心中懊悔不已，表面上却不急不恼，巧借余光中看到的诗句揽镜自顾道:"'蜷在两腮分,依在耳翼间,迷人全在一点点。'唉,这真是'一波未平,一波又起'呀!"小王听了,不禁哑然失笑——原来小林长了一脸的雀斑。无意中伤了对方,那就换个话题,转移别人的注意力。

别人说话时,不要轻易打断

　　讲话者最讨厌的就是别人打断他的讲话,因为这样,在打断他的思路的同时,又让他感觉到你不尊重他。事实上,我们常常听到讲话者这样的不平:"你让我把话说完,好不好?"善于听别人说话的人,不会因为自己想强调一些细枝末节、想修正对方话中一些无关紧要的部分、想突然转变话题,或者想说完一句刚刚没说完的话,就随便打断对方的话。经常打断别人说话就表示我们不善于听人说话,个性偏激、礼貌不周,很难与人沟通。

　　有一个客户经理正在和客户谈一个项目,争论最激烈的时候,他手下的一个员工闯了进来,插嘴道:"经理,我刚才和哈尔滨的客户联系了一下。他们说……"接着就说开了。经理示意他不要说了,而他却越说越津津有味。客户本来就心情不大愉快,见到这样的情景更是气坏了,就对客户经理说:"你先跟你的同事谈,我们改天再谈吧。"说完就走了。这位下属乱插话,搅黄了一笔大生意,让经理很是恼火。

　　随便打断别人说话或中途插话,是有失礼貌的行为。但有些人却存在着这样的陋习,结果往往在不经意之间就破坏了自己的人际关系。

比如，上司在安排工作的时候，他会做出各项说明，通常他们的话只是说明经过，或许结论并不是我们想的那样。中途插嘴表示意见，除了让人家认为你很轻率之外，也表示你不尊重上司。如果碰到性格暴躁的上司，恐怕就会大声地怒喝："你闭嘴！听我把话说完！"

不懂礼貌的人总是在别人津津有味地谈着某件事情的时候，在说到高兴处时，冷不防地半路杀进来，让别人猝不及防，不得不偃旗息鼓。这种人不会预先告诉你，说他要插话了。他插话时有时会不管你说的是什么，而将话题转移到自己感兴趣的方面去，有时是把你的结论代为说出，以此得意扬扬地炫耀自己。无论是哪种情况，都会让说话的人顿生厌恶之感，因为随便打断别人说话的人根本就不知道体谅别人。

虽说打断别人的话是一种不礼貌的行为，但如果是"乒乓效应"则例外。所谓的"乒乓效应"，是指听人说话的一方要适时地提出许多切中要点的问题或发表一些意见或感想，来回应对方的说法。还有，如果听漏了一些地方或者是不懂的时候，要在对方的话暂时告一段落时，迅速地提出疑问之处。

当然，如果对方与你说话的时间明显拖得过长，他的话不再吸引人，甚至令人昏昏欲睡，他的话题越来越令人不快，甚至已经引起大家的厌恶，你就不得不中断对方的讲话了。这时，你也要考虑在哪一个段落中断为好，同时，也应照顾到对方的感受，避免给对方留下不愉快的印象。

要在与人交往时获得好人缘，要想让别人喜欢你、接纳你，就必须克服随便打断别人说话的陋习，在别人说话时千万不要插嘴，并做到：不要用不相关的话题打断别人说话；不要用无意义的评论打乱别人说话；不要抢着替别人说话；不要急于帮助别人讲完事情；不要为争论鸡毛蒜皮的事情而打断别人。

有一次，在收音机的广播辩论中，美国的拉夏与当时坦桑尼亚担任联合国大使的约翰·马拉塞拉就罗得西亚问题展开辩论战。主持人约翰·马卡佛利为了给马拉塞拉大使与拉夏均等的发言时间而煞费苦心。

因为这位大使因长年在联合国工作，养成想要说话时，要说多久就说多久的习惯。所以当拉夏要陈述自己的论点时，他就立刻插进来，加以反驳，表示他自己的意见。

经过两三次这种战术后，拉夏觉得忍无可忍，决定亮出秘密武器。

当马拉塞拉大使又一次不客气地插进来时，拉夏大声地对他投以单调反复的话："大使，请您不要打断我说话。那是不雅的。"

培根曾说："打断别人，乱插话的人，甚至比发言冗长者更令人生厌。"打断别人说话是一种非常无礼的行为。所以我们要养成不随便打断对方说话的习惯。别插嘴，你有说话的权利，对方也有说话的权利。不要轻易打断别人，打断别人是没有教养的表现。

第三章

必须战胜的阻碍：不良表达，无效沟通

别让恐惧扼住了喉咙

恐惧是阻碍人说话达到预期效果的重要因素。在日常生活中，我们常常可以听到："我的老师在每堂课上都喜欢提问。无论何时被叫到，我都会口干舌燥。如果是一对一闲谈，我会感觉好一点，但仍然紧张。"

"没有比求职更糟的了。在等待会见时，我总是冒冷汗，额头布满汗珠，腋窝也湿了。还没进办公室就这副样子！"

是什么使这些恐惧落在我们的身上？简单来说，每个人都想获得尊重、招人喜爱。自信和令人喜爱是实现自如说话的两个重要因素。不管我们已有多少，永远也不会觉得足够。有些人说话时会不自觉地产生紧张感，这种紧张感的出现源于以下两种心理因素：

第一种，不想出丑。这些人的想法是，一旦在众人面前说话，自己的粗浅根底、拙劣看法都会暴露出来，从此以后，还有自己的立足之地吗？所以，认为不说话或少说话更稳妥。

不过，持有这种想法的人应该想一想，一个人尽量不暴露自己的短处，相对地，其长处也就无法显露出来。其实只要你认真地发挥，诚诚恳恳地把话说出来，必会有不错的表现。

第二种，不知道该如何组织说话的内容，所以会感到惊慌。有的人产生此种感觉是先天原因：如生来性格内向，他们说话低声细语，见到生人就脸红；还有一些教育不当的因素也占其中：儿童时期因长辈不加以引导，孩子见到生人或到了陌生的地方，便习惯性地害羞、躲避，没有自信心。等长大之后，便羞于与人接触，更羞于在公开场合讲话。

害怕当众讲话，没有谁会是特例。可以毫不夸张地说，人人都可能在说话前后或说话过程中出现紧张、恐惧心理，即便是演说家、能言善辩者也不例外。恐惧不可怕，但一定要懂得克服。

关于如何克服当众怕羞的心理，卡耐基的意见是："你要假设听众都欠你的钱，正要求你多宽限几天；你是神气的债主，根本不用怕他们。"所以，树立自信是克服恐惧感的第一步。你要这样认为，当你开口说话时，听众当中有人相信你的能力，相信你对议题有十分精准的判断。

不要在别人面前喋喋不休

嘴巴能安慰一个人，也能伤害一个人。当你管不住嘴巴，没完没了地自说自话时，你就如同一只苍蝇一样，令倾听者感到厌烦，你将很难给人留下好印象。

一百多年前，美国著名的罗克岛铁路公司打算修建一座大桥，把罗克岛和达文波特两个城市连接起来。当时，轮船是运输小麦、熏肉和其他物资的重要工具。所以，轮船公司把水运权当成上帝赐予他们的特权。一旦铁路桥修建成功，自然也就断了他们的财路。因此轮船公司竭力对修桥提案进行阻挠。于是，美国运输史上最著名的一个案子开庭了。

时任轮船公司辩护律师的韦德，是当时美国法律界很有名的铁嘴。法庭辩论的最后一天，听众云集。韦德站在那儿滔滔不绝，足足讲了两个小时。

等到罗克岛铁路公司的律师发言时，听众已经显得非常不耐烦了。这正是韦德的计谋，他想借此击败对手。然而，令韦德意外的是那位律师只说了一分钟——不可思议的一分钟，这个案子就此闻名。

只见那位律师站起身来平静地说："首先，我对控方律师的滔滔雄辩表示钦佩。然而，陆地运输远比水上运输重要，这是任何人都改变不了的事实。陪审团，你们要裁决的唯一问题是，对于未来的发展而言，陆地运输和水上运输哪一个更重要？"片刻之后，陪审团做出裁决，建桥方获胜。那位律师高高瘦瘦，衣衫简陋，他的名字叫作亚伯拉罕·林肯。

韦德之所以用两个小时滔滔不绝地说，既是为了炫耀他的口才，也是存心在拖延时间，好让林肯在发言的时候让听众感到厌烦。但是他不仅错估了听众厌烦的剧烈程度，而且也低估了对手林肯。这样一来，相比较林肯的言简意赅，韦德的慷慨陈词不但没能加深陪审团的印象，反而越发惹人生厌。

如何以最简单的语言表达最清楚的意思，是说话的一个难题。在推销中这方面也显得尤为突出。当一个素不相识的推销员向你推销时，你一般都不会轻易接受，如果他喋喋不休，则更加令人难以忍受，所以言简意赅是谈话时需要特别注意的原则。

著名推销员克里蒙·斯通说："起初，我一直试着向每一个人推销。我赖在每一个人面前不走，直到把对方烦得累垮。而我在离开他之后，也是筋疲力尽。"很显然，这样做的效果对于推销业绩无所助益。

后来，克里蒙·斯通决定："并不一定要向每一个我拜访的人推销保险。如果推销的时间超过预定的长度，我就要转移目标。为了使别人快乐，我会很快地离开，即使我知道如果再磨下去他很可能会买我的保险。"

谁知这样做竟然产生了奇妙的效果，克里蒙·斯通的订单竟然与日俱增。因为有些人本来以为他会磨下去的，但当他愉快地离开他们之后，他们反而会来找他，并且说："你不能这样对待我。每一个推销员都会赖着不走，而你居然不再跟我说话就走了。你回来给我填一份保险单。"

任何人都不喜欢别人喋喋不休地向自己宣传，也不希望对方夸夸其谈，毫不在意自己的感受。很多时候，你在发表自己的言论时，其实决定权在对方的手中，因为他是受众，当他肯定了你的言论，你说的话才是有效可行的。所以如果你经常啰唆不已，就要记得提醒自己不要去浪费别人的时间。

切忌粗俗无礼

现代人有句话：有"礼"走遍天下，无"礼"寸步难行。

礼，是指礼貌。人们办事免不了以"礼"感谢，而这也必须要遵守礼貌的原则。一个人说话的态度，可以凸显其教育基础和风度。如果一个人谈吐有礼，自然说明他受到了良好的教育，所显现的气质也倍显高雅，在与人交谈时，倾听者才会对有礼者肃然起敬。

然而，现实生活中有很多人在说话时都不注重礼仪，要么张口闭口不离脏字，要么提问、回答毫不客气，要么反驳别人时大声叫嚷，显得非常没有教养。

过去，有个年轻人骑马赶路，见路边有一位老汉，他便在马上高声喊道："喂！老头儿，离客店还有多远？"老汉回答："五里！"年轻人策马飞奔，急忙赶路去了。结果一口气跑了十多里，仍不见人烟。他暗想，这老头儿真可恶，说谎话骗人。他一边想着，一边自言自语："五里，五里，什么五里！"猛然，他醒悟过来了，这"五里"不正是"无礼"的谐音吗？于是掉转马头往回赶。见到那位老人，他急忙翻身下马，亲热地叫声"老大爷"，话没说完，老人便说："你已经把客店错过了，前方路程尚远，若不嫌弃，可到我家一住。"

这是一则流传很广的故事，它告诉人们在人际交往过程中讲究礼貌的重要性。"人而无礼，不知其可"，粗俗的言行与得体的礼貌将产生截然相反的效果。

和别人打交道，总是以称呼开头，它好像是一个见面礼，又好像是进入交往大门的通行证。称呼得体，可使对方感到亲切，交往便有了基础；称呼不得体，往往会引起对方的不快甚至愠怒，双方会陷入尴尬境地，致使交往受阻甚至中断。

普通谈话中应注意的细节也与上述案例所体现的细节一样。例如，朋友交谈、出席宴会、参加面试等种种情况，尽管你可能讷于言语，但是如果每一次开口，你都能用正确、合适和礼貌的言语回答别人或参与讨论，那么相信你的魅力会渐渐地浮现在周围人的眼前，令他们对你刮目相看。

让紧张感为我所用

讲话者在登上讲台之前，经常会过早地感到紧张。对大多数人来说，这种紧张的状态从接受讲话邀请时就已经开始了。通常，我们参与活动的时间越长，紧张的状态便持续得越长，症状也越严重。

人们在众目睽睽之下会感到不舒服，这是一种典型的情况。无论地位高低还是个性好坏，都无一例外。

但对于讲话者来说，紧张有时是合理的表现，有时则不是。讲话者可能会担心自己的选题或信息不太迎合观众的期望或需要；担心观众会抨击讲话质量，对内容的可信度提出质疑，或提出一些我们无法回答的问题；意识到自己的陈述有错误，或遗漏了关键的信息。即使对讲话的题目了如指掌，对自己的讲话资格满怀信心，讲话者也会担心自己表现不佳，从而产生尴尬的局面，而只有观众能够察觉到这种紧张和尴尬。

讲话者如果缺乏适度的紧张感，就不能分泌出足够的肾上腺素，来帮助他调整到巅峰状态。

要做一场精彩的当众讲话，窍门就在于，让你的紧张情绪为你服务，这就是对紧张感的反利用。想象一下，当你浑身肌肉和神经紧绷时，分泌出的大量的肾上腺素就会成为你完成精彩讲话的催化剂。

是的，有时你会感到自己的肢体已经失控了。你可能会出现如下甚至更多的症状：心跳加速、手心冒汗、嘴唇干涩、两腿发软、肌肉抽搐、呼吸急促、声音发颤、胸闷恶心……但是，无论你感到多么紧张，永远不要告诉你的观众。如果观众察觉到你的不适，他们会为你担心，就像父母在观看自己的女儿在学校舞台上扮演灰姑娘时一样。要是你放任自己的紧张，他们就会转而注意你颤抖的双手，而非专注地听你的演讲。要记住，在通常情况下，你的紧张情绪并不会明显到被人看出来。

有时候，我们在讲话时丧失自信的原因是缺乏观众的反馈。在一对一的谈话中，我们能得到即时的反馈：对方会抬抬眉、皱皱眉头、争论、微笑、点头或者确认你的观点。而在一群人面前讲话时，我们经常会因为缺少这样的反馈而若有所失。这就好像摸石头过河时，看不清水中的石头，你每走一步都会有点紧张，直到你的脚踩踏实了为止。

要想控制住紧张情绪，就要提醒自己永不放弃。

如果你被恐惧打败，讲话就会失败。所以，你要深吸一口气，拒绝紧张感控制自己。在讲话时，也应该这样，绝不让自己迈出退缩的第一步。与其担心自己会尴尬，不如将注意力集中在演讲的话题上，反复回忆并演练自己演讲的要点，而不是把那些困难思来想去。

有些人能利用紧张提高情绪，从而冲淡恐惧，某位电视节目主持人对这种方法颇有体会。这位节目主持人曾经主持过一个唱民歌的节目，节目中经常邀请各地方的人来到直播室，轮流唱两三首乡土歌谣。大家在排练时都非常卖力，并不紧张，但等到排练结束，休息1个小时后，幕布垂下来了，参观的宾客渐渐增加，表演的人就开始紧张了。

透过幕布，可以听到观众的吵闹声。等到开幕前的 5 分钟铃声响起，第一批上场的人就依规定站在舞台左右两边。此时，其中有几个要表演的人，以颤抖的声音对节目主持人说："我好紧张啊！真羡慕你，一点都不怕。"每当遇到这种情况，节目主持人总会对他们说："如果有人不会紧张，那他该去看医生了，因为他的神经可能有些问题。虽然我看起来很镇静，但事实上我也相当紧张呢！你们看，我的腿不是正在发抖吗？"

"真的啊！跟我们一样嘛！"就在一阵笑声中，大家的紧张情绪得到了缓解。

可以断言，所有的演员、歌星、演说家在即将上台或录音之前，都会感到紧张。这并非主观臆断，好多名人自己都承认这种说法。

"如果不紧张，就不是歌星了。因为每次在上台前都必须认真地准备，说不紧张是骗人的。"香港某歌星如此坦然地道出了她的心声。

"我总是很紧张，台下的观众也跟我一样，这种关系一直持续下去，才能达到表演的最佳状态。"北京一位著名的相声小品演员也这样承认。

"我好紧张啊！"许多广播或电视节目主持人在节目开始前都不免会这样诉说。

不难看出，以上这些人都有一个共同点，那就是：即使心中很紧张，也绝不掩饰，反而把心中的压力开朗地暴露出来。这么一做，倒可以把紧张的心情一点一点地排除。

面对紧张，不退缩，反而会让自己兴奋起来，利用对这种情绪的把握，可以使自己达到完美的状态。

积极地暗示自己

以心理暗示进行心理放松。心理的毛病用心理的方法去矫治最直接、最有效。心理卑怯现象是心理夸张性感受所致，必须让心理感受重新归位。要达到这一要求，需要采用心理暗示的方式，对对方有客观、正确的认识，对自己做准确、公正的评估，这样就能保持清醒，树立信心。如当别人说话显示出我们没有的优势时，我们可做这样的暗示：这是他的优势所在，我同样也有优势，一样是他比不上的。

演讲者首先要对自己的演讲题目和演讲效果充满自信，要在精神上鼓励自己去争取成功。演讲者可以用如下几句话反复暗示、刺激自己："我的演讲题目对听众具有极大的价值，听众一定会喜欢。""我非常熟悉这类演讲题材，我一定会成功。""我准备得非常充分了。"演讲者不应在上台演讲前过多考虑可能导致演讲失败的因素，如"我忘了演讲词怎么办""听众嘲笑我怎么办"。这种负面的自我暗示往往会产生不好的结局。

关于克服当众怕羞的心理，卡耐基最有经验，而在他的众多经验中最基本的经验就是："你要假设听众都欠你的钱，正要求你多宽限几天；你是神气的债主，根本不用怕他们。"

现代实验心理学表明，由自我启发、自我暗示而产生的学习、行为动机，即使这动机是佯装的，也是导致学习、工作取得良好效果的有力方法。

树立自信的方法之一，就是要记住自己是被邀请来做讲话的。有人相信你的能力，相信你对这一论题十分精通。提醒自己，如果在座的观众中有人比你更权威，他们早就该被邀请来做演讲了。

我们应该想到恐惧是后天的反应。2岁大的孩子在过马路时不会懂得害怕，直到有人猛地把他拽回来，警告他过马路有多么危险。同样，当我们第一次看见同学站起来背诵诗歌，发现他突然哽住了，变得慌张窘迫，以致全班发出阵阵的窃笑时，我们懂得了当众讲话时会害怕。既然紧张害怕是后天学会的，那么它也是可以被忘却的，或者至少是可以被控制的。

正确认识自己的说话能力

胆量是一种重要的心理现象。要训练好说话的胆量，说话者必须具备良好的心理素质，说得具体一点，就是要求说话者既不盲目自信，也不妄自菲薄，做到不骄不躁、不卑不亢。

一个人如果想不断树立自己说话的信心和增强自己说话的魅力，真正做到既不盲目自信也不妄自菲薄，认真检查并评价自己说话的能力，是必不可少的。

生活中，绝大多数的人并非对谈话之事一窍不通。但是，我们一般的人也不能说是很会说话、很会驾驭语言的人，尽管大家或多或少有些长处，懂得些谈话的常识与方式，但很难说有多少人郑重其事地、科学地分析、研究过它，所以对我们绝大多数人来说，或多或少在某些场合具有不敢说话的毛病。

对于那些平时不敢说话的人，随时随地都有训练说话胆量的机会。下面20个问题将帮你分析自己的说话能力：

（1）我的声调是否悦耳？

（2）我是否口齿不清？

（3）我是否喜欢与他人发生争执？

（4）我是否狼狈地看到自己的话使人产生反感情绪？

（5）当别人不同意我的意见时，我是否再三地重复已经说过的话呢？

（6）我是否见了别人就觉得好像无话可说？

（7）我是否常常被人认为"固执"呢？

（8）我是否常常忘记他人的姓名？

（9）我是否常用一些不太文雅的俗语？

（10）我是否在某些人面前就有很多话说，而在某些人面前就一句话也说不出来呢？

（11）我是否能运用不同方式来对不同对象谈同一个问题？

（12）我是否很难找到一个大家都有兴趣的谈话题材？

（13）我是否常说些别人禁忌的话？

（14）我是否在说话中不注意尊老敬贤？

（15）我是否未留意自己跟人谈话的态度？

（16）我是否根据别人的态度来调整自己的态度？

（17）我是否不能引起别人发言的兴趣？

（18）我是否能使谈话很顺利地进行而不中断？

（19）我是否能够很自然地改变谈话的内容？

（20）我是否知道在何处结束我的谈话？

此外，如果说你真有诚心解决自己不敢说话、说话胆小的问题，不妨按照如下方法坚持练习3个月，说话胆量便可得到惊人的提高。

用一个笔记本逐项地记下上面的每一个问题，并把自己过去的经验如实记录下来，例如，找出你自己在什么人的面前不敢说话的原因，再仔细想一想，记下自己跟别人说话时的情形，然后记下自己认为应该最先要改进哪一项。若说话者照此一个星期一个星期地做下去，一边看笔记本，一边研究自己的情况；一边看笔记本中讲的 20 个问题能否解决，一边又把自己的经验所得记在笔记本上，最后就功到自然成了。

　　认真分析并正确认识自己的说话能力，有利于说话者看到自己的长处，认识自己的不足，并扬长避短，增强信心，迅速提高自己说话的信心，增强自己的语言魅力。

怯场绝不是你的专利

　　害怕当众讲话，没有谁会是特例。在卡耐基的成人演讲训练班里，经调查得出 80%~90% 的学员在上课之初会感到上台的恐惧。许多职业演讲者都向卡耐基坦白过，他们从来没有完全消除登台的紧张情绪。在他们发言之前，总是会害怕，而且这种害怕在演讲开始阶段一直持续着。

　　俗话说："树要皮，人要脸。"所谓"要脸"，就是特别在意自己在别人心目中的印象。每个人都有一种理想的自我形象，总是希望别人都以赞许的目光看待自己；每个人还都有一种社会的自我形象，总是希望在群众中和社交中大家都能喜欢自己；每个人都有一种性别上、年龄上、职业上、家庭上以及经济上的自我形象，总是希望自己在各个方面都能融入社会，对经验很少的年轻人来说，更是十分自然而强烈的。年轻人总有一些从未体验过的欲望和不便公之于众的弱点和心愿。于是，自信与自卑、开朗与烦恼、大胆与怯懦、立志和消沉等互相矛盾的心理在他们身上往往混合存在，交替出现，因而他们也就特别关心自我形象在别人心目中会是什么样子，对周围的一切也就特别敏感。

由于害怕丢面子，被人议论，所以胆怯、腼腆、惊慌和恐惧便涌上心头。这种胆怯心理，不是少数人的问题，而在大多数人身上都程度不同地存在着，其比例数字还相当高：在青少年中占80％以上，而在已经工作多年、有一定阅历的人当中也占50％以上。这不能不说是一个社会性的普遍问题。

可以毫不夸张地说，人人都可能在说话前后或说话过程中产生紧张、恐惧心理，性格内向、沉默寡言者如此；天性活泼、思想活跃者如此；即便演说专家、能言善辩者也不例外。每当我们打开电视机时，往往会被一些潇洒大方、表达自如的节目主持人所折服；每当我们拧开收音机时，也往往会被一些口若悬河、音色优美的播音员所倾倒。其实，他们也并非我们所想象的那样在说话时无忧无虑，应付自如。他们也一样常常怯场。据闻，日本某演员临近自己拍片的时候就想上厕所，甚至一去就是10分钟，美国某播音员，起初每临播音，都要先到浴池去洗一次澡，不这样，播音时就不能镇定自若。如果碰到外出进行现场直播，他便不得不提前到达目的地，并在直播现场寻找浴室。

纵览古今中外，很多政治家、演说家最初都有过怯场的经历。就拿丘吉尔来说，他当年在演讲台上窘迫不已，恐惧得甚至连一句话都说不出来，直到被轰下台去。但他并未就此消沉下去，而是勇敢地面对现实，勤讲多练，绝不放过每一次讲话的机会，演讲水平日益提高。后来他的就职演讲被誉为最精彩的首相就职演讲之一。

又如美国著名的总统演讲家林肯，在最初走上演讲台时，尽管经过周密细致的思索，做了充分的准备，但仍然遭到了失败。极度的恐惧让他语无伦次，别人不知他在说什么。

随着人类社会的不断发展，人类文明的日益发达，人类的语言也渐趋复杂化、技巧化。同时，由于有些人天生性格内向、性情孤僻，致使他们产生了对说话胆怯的心理。

"我总是不敢在人面前讲话、发言，那会使我心跳加快，脑中一片空白……"有人坦然地承认自己说话的胆怯，而且对此颇为苦恼。

然而，往往每一个说话胆怯的人都会误以为自己是个例，他们总是会想："为什么自己会这样呢？要是能像别人一样谈吐流畅该多好啊！"其实，人人都会出现说话胆怯的情况，怯场是一件非常正常的事。

有专家认为，人类用以视觉为首的五官来感知外界的动态，随即采取相应的行动。所谓"怯场"一事，乃人体器官正常动作的一种先兆，这种动作是当见到大庭广众或见到意想不到的陌生面孔等之后，五官感受到了，并对之做出反应，明显症状是脸红、心"扑通、扑通"地跳、语无伦次、词不达意等。如果此刻说话者想到："怯场啦！怎么办呀！"他就会因慌张而说不出话来。但是，如果他当时想到的是："换了任何一个人遇此情景，都有可能怯场！"那他心里就会踏实多了，并随之镇静下来，很快恢复正常。所以，正确地对待怯场非常重要。

我们可以把平时生活中关于怯场之类的事反复地思量一下，清醒一下自己的头脑，正确对待怯场。

问问自己为什么怕人笑呢？自己说的话真的值得被人取笑吗？怎样才能避免被人笑话呢？是不是自己说话缺乏自信才遭致别人笑话呢？究竟怎样才能克服胆怯，提高自己的语言交际能力呢？如果说话者能够真正地把这些问题分析清楚了，查出了症结所在，一切难题也就迎刃而解了。

说话怕羞的人甚至可以这样想：如果你被一个人取笑，不等于所有人都会取笑你；如果你的话可笑，那并不代表你所说的每一句话都会被人取笑；如果你的话可笑，那别人笑的只是那句话，而不是你本人；何况，谁都被人笑过，这是很平常的事。而且，如果那个笑你的人是一个以取笑别人为乐的人，那么错不在你，而在取笑你的那个人。况且，古今中外那么多名人都有过怯场的经历，你只是一个普通人，紧张是在所难免的。

当你真正认识到说话怯场的真实状况，就不再那么担心会"丢脸"，心情放松下来，你的谈吐就会随之自然起来。

主动营造减压的气氛

有时候，有的人在单位里见到以前在一起玩过的同事，竟然低头不语，装作没看见，自顾自地走过去。乍看起来，似乎觉得这种人很没有礼貌。其实不然，他们并不是高傲不理人，而是害羞、胆小，连很普通的招呼都不知道该怎么打，也不喜欢有事没事都露出一脸微笑，所以，见人只好假装没看见。像这种没有表情的人，除了可以和三四个密友谈天说地之外，面对其他的人，就不知道该说些什么，无法像闲聊那样，与不熟悉的人自如畅谈。

其实，一个人说话胆量的大小、说话水平如何，与说话时的气氛很有关系。说话时的气氛好，人的兴致便高，情绪便较高昂，谈兴也会较浓，这样便会使人放下包袱，倾心畅谈。反之，说话时的气氛不好，人的情绪就很难调动起来，人一觉得乏味，也就不会有什么好的兴致说话了。比如，当我们在与自己的家人或亲友交谈时，一般气氛都较好，这样几乎不需要思考，就能根据报上看的、广播里说的、街上听的关于昨天、今天或明天的重要的或一般的事情，聊个没完，越聊越起劲。但是，当我们在遇到初次见面的人、神秘的谈话对象时，往往大家都很拘束，很难一下子就形成良好的轻松气氛。这样谈话就没有那么顺利了，而且因为气氛不好，还有可能使自己脑中一片空白，完全不知道该说什么话。

所以，为了使我们的说话胆量得到提高，为了能使自己成为一个具有较好口才的人，我们在与他人说话时，要设法创造一种轻松和谐的说话气氛。

热情是这种气氛所必不可少的元素。你最好钻出自己的壳，热情主动地与人交往，不要使冰霜结在你的脸上。要把冰霜融化掉，方法是说些有趣的事。如果这时正是度假时节，你可以说："你可听见路边新闻？听说在 IBM 公司的圣诞晚会上，有一部电脑喝醉酒，想去扯一部打字机的蝴蝶结。"或者也可以说："在我们公司的宴会上，老板的秘书对会计部新来的职员说，他的心好像铁做的。这人以为他缚住小姐的心了，受宠若惊，但是她接着说，'别再扯我的腿了！'"

不论是何季节，在何种社交场合，热情的力量都会帮助你营造一种愉快并充满人情味儿的气氛。

你也可以适当开开玩笑，在笑声中缓解紧张的情绪，这种方式很容易使气氛达到高潮。你也许在电影或日常生活中看过男女双方第一次见面时手足无措的情节。男女相亲，双方默默无语，好不容易一方正要开口说话时，另一方也正好想说些什么，于是两人同时张开嘴巴，又尴尬地同时闭了口。过了一会儿，同样的情形又重演了。不过这都是出现在别人身上，如果真发生在自己身上，其惊慌失措的窘态是可想而知的。有这样一个相亲场合，富有幽默感的男方为了解除两人同时开口的尴尬场面，对女方说："我们真是默契啊！"一语逗笑了女方，就连女方家长也忍俊不禁，气氛随即轻松融洽起来。

1935 年 3 月 27 日，高尔基在苏联作家协会理事会第二次全体会议上作了一次简短的讲话。下面所引的是他在批评某些诗作缺乏生活时所说的一段话：

"同志们。诗人多得很，但是具有巨大诗才的在我看来却太少。他们写的诗长达几公里。"（笑声）

"我不想谈伟大的诗歌和大诗人。我在这方面是外行。我失掉了这方面的鉴赏力，我念诗也很费力（笑声）……不久以前，我在一个作者的作品里找到了这样的句子：'他举起手，想摸摸她的肩膀，正在这时候，无畏的死神追上了他。'（笑声）说得多别扭。"

看了这段关于当时讲话的记录，尽管我们未看到当时会场的情景，但仍能感受到热烈的气氛，听到欢腾场面中的开怀畅笑。那不绝的笑声不但吸引了当时在场的听众，也吸引了几十年后的我们。可见，通过调笑创造说话的气氛，是如此的重要。

初入社会或刚参加工作的人，在偶然的机会里与著名人士相见，常会觉得紧张、害怕，不知道该说些什么话，特别是那些经验较少的人，会一直低着头，如果被对方问到一些事情，也只是作简单而呆板的回答。

另外，我们也有可能被事先安排要见某些重要人物。在这种情况下，如果我们事先收集并研究有关对方的资料，那么不管对方问到什么，都不容易出错，也不会茫然不知所措。但是，这种类似考试前临时抱佛脚的状态，在面对知名人物时，还是会紧张，当被人家问到一些问题时，也只会回答"是"或"不是"。

我们现在所处的社会，是高度民主的社会，遇到知名人士，我们应该对他们表示敬意，但却不必畏缩、恐慌。只要把他们当成自己的朋友或师长，很自然地与之进行对话，就可以了。我们说话的时候，不必害怕或紧张，应该泰然自若，以尊敬而明朗愉快的语调和知名人士交谈。这样就可以营造出一种轻松和谐的气氛了。

总之，我们无论在什么情况下与什么人说话，营造轻松和谐的说话气氛都是非常重要的。

化解尴尬的说话艺术：轻松调侃，转移话题

站在对方的角度说话

每个人都希望在社交中从容不迫、洒脱大度，但是在现实生活中我们经常会遇到一些尴尬场面，自己感到不舒服，别人也不自在，结果气氛凝滞。

造成尴尬局面的原因有很多：时间、场合不适合，交往对象不熟悉……当尴尬情况出现时，就该想法将其化解掉，但很多人都会说"说得容易做着难"。

尴尬的境况之所以难以解决，是因为每个人都固执己见，各有各的想法。越坚持自己的想法，就越不容易解决问题。试试站在对方的角度说话，没准会很轻松地解决问题。

有一天，美国哲学家、诗人爱默生同他的儿子一起想把一匹小牛赶进牛栏。但他们犯了一个错误，他们只想到自己的愿望，

爱默生在后面推小牛，他的儿子在前面拽小牛。但小牛也有自己的愿望，它把两只前蹄撑在地上，执拗着不照他们父子的愿望行动。他们家的爱尔兰籍女佣见到这种情景，不由得笑着来帮助他们。她刚才在厨房干活，手指头上有盐的味道，于是她像母牛喂奶似的，把有咸味的手指伸进小牛的嘴里，让它吮着走进了牛栏。

动物尚且有自己的愿望，更何况人呢？不了解对方的意愿，自己认为怎么样就该怎么样，难免会导致谈话的失败。

你如果要劝说一个人做某件事，在开口之前，最好先问问自己："我怎么样才能使他愿意去做这件事呢？"

在这方面，人际关系大师卡耐基堪称高手。

卡耐基每季都要在纽约的某家大旅馆租用大礼堂20个晚上，用以讲授社交训练课程。

有一个季度，卡耐基刚开始授课时，忽然接到通知，房主要他付比原来多3倍的租金。而得到这个消息之前，入场券已经印好，而且早已发出去了，其他准备开课的事宜也都办妥。

很自然，卡耐基要去交涉。怎样才能交涉成功呢？两天以后，卡耐基去找经理。

"我接到你们的通知时，有点震惊。"卡耐基说，"不过这不怪你。假如我处在你的位置，或许也会写出同样的通知。你是这家旅馆的经理，你的责任是让旅馆尽可能地多盈利。你不这么做的话，你的经理职位难以保住，也不应该保得住。假如你坚持要增加租金，那么让我们来分析一下，这样对你有利还是不利。"

"先讲有利的一面。"卡耐基说，"大礼堂不出租给讲课的而是出租给举办舞会、晚会的，那你可以获大利了。因为举行这一类活动的时间不长，他们能一次付出很高的租金，比我这租金当然要多得多。租给我，显然你吃大亏了。

"现在，来考虑一下不利的一面。首先，你增加我的租金，却是降低了收入。因为实际上等于你把我撵跑了。由于我付不起你所要的租金，我势必再找别的地方举办训练班。

"还有一件对你不利的事实。这个训练班将吸引成千上万的有文化、受过教育的中上层管理人员到你的旅馆来听课，对你来说，这难道不是起了不花钱的活广告作用了吗？事实上，假如你花 5000 元钱在报纸上登广告，你也不可能邀请到这么多人亲自到你的旅馆来参观。可我的训练班给你邀请来了，这难道不合算吗？"讲完后，卡耐基告辞了："请仔细考虑后再答复我。"当然，最后经理让步了。

在卡耐基获得成功的过程中，没有谈到一句关于他要什么的话，他是站在对方的角度想问题的。

不妨想想另一种情形，如果卡耐基气势汹汹地跑进经理办公室，提高嗓门叫道："你这是什么意思？你知道我把入场券印好了，而且都已发出，开课的准备也已全部就绪了，你却要增加300％的租金，你不是存心整人吗？！300％，好大的口气！我才不付哩！"

想想，那该又是怎样的局面呢？你想象得到争吵的必然结果：即使卡耐基能够辩得过旅馆经理，对方的自尊心也很难使他认错而改变原意。

掉转话头而言其他

在语言交际中，我们经常会遇到一些令人尴尬的问话，比如涉及国家、组织的秘密，涉及个人收入、个人生活、人际关系等问题。对待这样一些提问，如果我们用"不能告诉你"来回答，那会使你显得粗俗无礼，如果套用外交用语"无可奉告"来作答，那又会给提问者造成心理上的失望与不快。

总之，对待这样一些问题，我们答得不好，就有可能自己给自己套上难解的绳索，使自己陷入十分难堪的泥淖，不能自拔以致大失脸面。

如处于这样的尴尬场合时，就需要具备"顾左右而言他"的语言艺术，从而能使你面对尴尬而峰回路转，取得柳暗花明的效果。

最简单最直接的做法就是转换话题，比如：

两个青年去拜访老师，在谈话中提到："老师，听说您的夫人是教英语的，我们想请她指教，行吗？"

老师为难地沉默了片刻，说："那是我以前的爱人，前不久分手了。"

"哦？对不起，老师……"

"没什么，喝点水吧。"

"老师，您的书什么时候出版？快了吧？……"

这样转换话题，特别是提出对方很愿意谈的话题，就会使谈话很快恢复正常，使气氛活跃起来。

在说话过程中，当对方有意无意地触到我们心中的隐痛、忌讳或者自己不愿回答的问题时，如果一时没有好办法应答，那么，就干脆使在场者的注意力从自己身上移开。问话者见你对其问题不予理睬，在尴尬的同时会很快意识到自己的鲁莽和无礼，从而不再追问。

某单位一女职工结婚，在单位散发喜糖，刚巧该单位有一位尚未谈对象的33岁的大龄女青年。大家吃着糖，突然一位中年科员笑着对那位女青年说："喂，什么时候吃你的喜糖？"大家都望着那位女青年。那位女青年脸微微一红，把脸转向邻近的一位女同事，然后指着那位女同事身上的一件款式新颖的上衣问："咦？这件上衣什么时候买的？在哪个商店买的？"两个人便兴致勃勃地谈起了那件衣服。

在大庭广众之下问大龄女子何时结婚确实是件很不礼貌的事情。女青年碰到这个尖锐的问题时处境十分尴尬，回答不好可能会引起大家的闲话，再说这事也没必要让大家来参与。于是她立刻把话题转移到同事的衣服上，借以回避对方的无聊问题。问者受到毫不掩饰的冷落，自然也认识到自己的失礼，没有理由责怪女青年。

这种转移话题的方法固然可以达到摆脱窘境的目的，但是它又未免太过生硬，效果并不是非常好，有的人使用更为婉转的方式来"言其他"，会显得更漂亮、干脆。这种方法就是岔换法。

岔换法是针对对方的话题而岔换新的话题，字面上看是回答了对方的问题，而实质意义却是不相干的两个问题。它给人的感觉通常是干脆利落，能显示出一种较为强硬的表达气息。

话题调头言其他，经常会被用于解窘，但是我们应该尽量圆融地去利用这一方法，使它更加不着痕迹地化解尴尬。

调侃一下自己

由于我们的过失，造成了谈话中间出现了难堪，这时我们不要责备他人，还是从自己身上找一找原因，采用自我调侃的方式低调退出吧。

有一次，10多年没见的老同学聚会，因为大家都是老同学，所以说起话来更是直来直去。有一位男同学打趣地问一位女同学说："听说你的先生是大老板，什么时候请我们到大酒店吃一顿。"他的话刚说完，这位女同学有点不安起来。原来这位女同学的丈夫前不久因发生意外去世了，但这位开玩笑的男同学并不知道，因而玩笑开得过了一点。旁边的一位同学暗示他不要说了，谁知这位男同学偏要说，旁边的那位同学只得告诉他真实的情况，这位男同学可谓无地自容，非常尴尬。不过他迅速回过神，先是在自己脸上打了一下，之后调侃地说："你看我这嘴，几十年过去了，还和当学生时一样没有把门的，不知高低深浅，只知道胡说八道。该打嘴！该打嘴！"女同学见状，虽有说不出的苦涩，但仍大度地原谅了老同学的唐突，苦笑着说："不知者不为怪，事情过去很久了，现在可以不提它了。"男同学便忙转换话题，从尴尬中解脱出来。

当我们处于类似的由于我们自己的原因，造成不好下台的局面时，最好的办法就是：不要死要面子活受罪，可以采用自我调侃的办法，真诚一点，像上面的那位男同学，表达自己真诚的歉意，而对方也不会喋喋不休地责备我们，相反还会因为我们的真诚，一笑置之。

1915年，丘吉尔还是英国的海军大臣。不知他是心血来潮，还是什么原因，突然要学开飞机。于是，他命令海军航空兵的那些特级飞行员教他开飞机，军官们只好遵命。

丘吉尔还真有股韧劲，刻苦用功，拼命学习，把全部的业余时间都搭上了，负责训练他的军官都快累坏了。丘吉尔虽称得上是杰出的政治家，但操纵战斗机跟政治是没什么必然联系的。也可能是隔行如隔山吧，总之，丘吉尔虽然刻苦用功，但就是对那么多的仪表搞不明白。

有一次，在飞行途中，天气突然变坏，一段16英里（约26千米）的航程竟然花了3个小时才抵达目的地。

着陆后，丘吉尔刚从机舱里跳出来，那架飞机竟然再次腾空，一头撞到海里去了。旁边的军官们都吓得怔在那里，一动不动。

原来，匆忙之中的丘吉尔忘了操作规程，在慌乱之中又把引擎发动起来了，望着眼前这一切，丘吉尔也不知所措，好在，他并没有惊慌，装作茫然不知似的，自我解嘲道：

"怎么搞的，这架飞机这么不够意思。刚刚离开我，就又急着去和大海约会了。"

一句话，缓解了紧张的气氛，也让丘吉尔摆脱了尴尬。

在有些尴尬的场合，运用自嘲能使自尊心受到保护，而且还能体现出说话者宽广大度的胸怀。

丘吉尔有个习惯，一天之中无论什么时候只要一停止工作，他就会跑到热气腾腾的浴缸中去泡一泡，然后就光着身子在浴室里来回地踱步，一边思考问题，一边让身体放松一下，有时甚至会入迷。

有一次，丘吉尔率领英国代表团到美国去进行国事访问，他们受到热情款待。为了方便两国领导人交流、沟通，组织者专门让丘吉尔下榻在白宫，与美国总统罗斯福做近距离接触。

一天，丘吉尔又像往常一样泡在浴缸里，而后光着身子在浴室里踱步。当时，世界反法西斯战争进行得如火如荼。丘吉尔在思考着战场上的形势，以及如何同美国联手对付德国法西斯。想着，想着，他已经忘了自己在什么地方，而且还是光着身子。

碰巧，这时罗斯福有事来找丘吉尔，发现屋里没人。罗斯福刚欲离去，听见浴室里有水响，便过来敲浴室的门。

丘吉尔正在聚精会神地考虑问题，听见有人敲门，本能地说了一句：

"进来吧，进来吧。"

门打开了，美国总统罗斯福出现在门口。罗斯福看到丘吉尔一丝不挂，十分的尴尬，进也不是，退也不是，索性一言不发地站在门口。

此时，丘吉尔也清醒了。他看了看自己，又看了看罗斯福，急中生智地说道：

"进来吧！总统先生。大不列颠的首相是没有什么东西可对美国的总统隐瞒的！"说罢，这两位世界知名人物都不约而同地哈哈大笑起来。

尴尬场合，运用自嘲可以平添许多风采。当然，自嘲要避免采取玩世不恭的态度。具有积极因素的自嘲包含着自嘲者强烈的自尊、自爱。自嘲实质上是当事人采取的一种貌似消极，实为积极的促使交谈向好的方向转化的手段。

装作不知道，说得更奇妙

我们在不同的场合下都会遭遇尴尬。尴尬的表现形式不一样，应对方式当然也有差别。用语言应对的一种很好的方式，就是佯装不知，故说"痴"话，好像这种尴尬从来没发生过一样。

有一则流传很广的笑话。

一家星级宾馆招聘男性客房服务人员，经理给应聘者出了一道题目：

"假如你无意间把房间推开，看见一位女客一丝不挂地在沐浴，而她也看见你了，这时候你该怎么办？"

第一位答："说声'对不起'，就关门退出。"

第二位答："说声'对不起，小姐'，就关门退出。"

第三位答："说声'对不起，先生'，就关门退出。"

结果第三位应聘者被录取了。为什么呢？前两位的回答都让客人有了解不开的尴尬心结，唯有第三位的回答很巧妙。他妙就妙在假装没看清，故作痴呆，既保全了客人的面子，又使双方摆脱了尴尬。

一位刚到学校正在实习的老师在黑板上刚写几个字，学生中突然有人叫起来："新老师的字比我们童老师的字好看！"

真是语惊四座，幼稚的学生哪能想到：此时在教室后排坐着的班主任童老师该多么难堪！对这位实习生来说，初上岗位，就碰到这般让人难堪的场面，的确让人头疼。如果处理不当，以后怎样同这位班主任在一起相处呢？怎么办？转过身来谦虚几句，行吗？不行！把学生教训几句？更不行！这位实习生灵机一动，装作没有听到，继续写了几个字，头也不回地说："不安安静静地看课文，是谁在下边大声喧哗！"此语一出，后座童老师紧张尴尬的神情，顿时轻松了许多。

这里这位实习老师就是巧妙运用了"佯装不知"、故说"痴"话的技巧，避实就虚，避开"称赞"这一实体，装作没有听清楚，而攻击"喧哗"这一虚像。既巧妙地告诉那位班主任"我根本没有听到"，又打击了那位学生无心的称赞兴致，避免了学生误以为老师没有听见而重复的可能，以致再次造成尴尬局面。

尚美在一次聚会上第一次穿高跟鞋和超短裙，还化了比较浓的妆。朋友们见到她这样的打扮，一片惊呼，她自然而然地成了聚会的焦点。但是年轻人聚会的一项必不可少的活动就是蹦迪。高跟鞋和超短裙肯定是不利于蹦迪的，何况尚美还是第一回穿呢。开始她不愿意下舞池，后来在朋友们的劝说之下勉强蹦了一会儿，谁知却出了问题，一个鞋跟折断了，短裙也不小心撑裂了。她只好装作没事一样，一瘸一拐地回到了座位上。

一个女孩看见了，忙跑过来问她怎么回事，她回答说脚扭了。女孩关心地弯下腰去看。

"啊，你的鞋跟断了呀。真是的，怎么这么倒霉啊。哇，你的裙子怎么……好了别介意，大家都是朋友，谁都不会笑话你的，我也会给你保密的。你就在这儿坐着好了，待会儿结束了我陪你回家。"说着又下了舞池，留尚美沮丧地坐在那里。

一曲终了，大家都下场来，一个男孩过来坐到了尚美对面，尚美脸上红一阵白一阵，生怕被他发现了，赶忙说脚有点不舒服，说着就把没有断跟的右脚伸到了前面。男孩并不看她的"伤势"，只是叫了两杯饮料，说："蹦迪很累吧，你平时看起来挺文弱的，一定小心啊。这种剧烈运动连我都浑身湿透了，你肯定更累了。以后多锻炼锻炼，再穿上今天这么漂亮的衣服，那效果肯定超棒！"

两个人聊了半天，男孩始终没有提起她的"伤"。其实他早就看到是怎么回事了，为了不让尚美太尴尬，他装作不知道，这让尚美长长地舒了一口气。

面子问题是个大问题。遭遇尴尬以后，即使装作不介意，心里也有个疙瘩。所以，说一句"痴"话，故作不知，是让当事人释怀、化解尴尬的最好方法。正如卡耐基曾经说过的："往往有这样的人，他们知道别人出了洋相，就主动地去安慰人家，还自以为别人会非常喜欢这种方式，会用感激的目光看着他。其实别人最希望的，还是你不知道他出了洋相，没有嘲讽，也没有安慰。"

自嘲，给自己搭个台阶

1. 先发制人

1862年的一天，美国著名黑人律师约翰·马克将上台演讲。会前他被告知，听众绝大多数都是白人，而且不少人对黑人怀有成见。于是他临时决定放弃原来的开场白，而从一开始就从争取听众入手。他这样开始了他的演讲：

"女士们，先生们，我到这里来与其说是发表演讲，不如说是给这一场合增添点'色彩'。"

听众大笑，气氛活跃起来，对立的情绪无形中被笑声驱散。尽管他后面的演说言辞激烈，但会场秩序始终很好，取得了巨大的成功。这就是演讲史上的著名篇章——《要解放黑人奴隶》。

在生活和工作中，任何人都不可能被别人完全了解。对某类问题甚至某类人怀有或多或少的非善意的偏见，是人性中难以避免的事情。偏见像堵墙，能隔离友好和理解，带来的却是误会和矛盾。如果妙用自嘲法，消除对方的偏见，就能为双方的正常交流打开通道。尤其是在别人对你攻击之前，你若能先发制人，自揭伤疤，主动用不乏幽默的自嘲的话把可能被人嘲笑的地方说出来，这既解除了自己的心理压力，又让对方觉得了你的坦诚与可爱，从而缩小双方的交际距离。这招用在与对方初次打交道时，往往会有奇效。

2. 借题发挥

1992年，中央电视台节目主持人杨澜在广州主持演出。在她走下舞台时，不慎摔倒在地。这时，观众都呆了，场面迅速冷下来，所有的人都等着看杨澜如何收场。只见杨澜镇定地爬起来，然后面向观众，说：

"真是马有失蹄，人有失足啊。看来这次演出的台阶不是那么好下呢。不过台上的节目非常精彩，不信，你们瞧——"

杨澜这一番即兴的精彩演讲折服了观众，她的话音刚落，热烈的掌声就响起来了。她偶然的失误让自己身陷困境，可她的智慧却为她挽回了面子。她的高明之处就在于用自嘲的话对自己的失误进行了巧妙渲染，又借着"演出"这个题进行了发挥，然后迅速将观众的注意力转移到下一个节目中去，这样短短两句话，天衣无缝地为自己搭好了台阶。试想在这样一个轻松的演出场合，杨澜如果一本正经地为自己的失误向观众道歉，该有多煞风景！

当因为你自己的原因出现尴尬时，最不好的选择是无动于衷或者竭力回避，最好的选择是随机应变，联系当时所处的具体场景，借题发挥，用自嘲的方式加以化解。

3. 曲径通幽

一位诗人去某大学做演讲，在随后的听众提问中，有个学生问他：

"你是如何看待从事纯文学创作的人在当今社会中的处境的？"

这个学生的言下之意是，在当今这个一切向钱看的社会中，从事纯文学创作的人如何面对贫穷。诗人回答：

"就我个人而言，我之所以能写作并坚持下去得感谢我的妻子，她开了一家小饭馆，于是我一家人的吃饭问题就解决了。"

他的回答中包含着辛酸和无奈的感情，但这样回答一个大学生的提问，比直接把自己的贫穷展示出来再来一番直抒胸臆的感慨，给人留下的印象深刻得多。

有些场合，一些自报短处的话或者诉苦和表达不满的话不适合直接说出来，最好能够通过自嘲的方式曲径通幽，这样既让对方听明白了你的苦衷，又不会觉得你是一个怨天尤人的人。

4. 解除尴尬

20 世纪 50 年代初，有一次美国总统杜鲁门会见麦克阿瑟。这人是一位十分傲慢的将军。会见中，麦克阿瑟拿出他的烟斗，装上烟丝，把烟斗叼在嘴里，取出火柴，当他准备划燃火柴时，才停下来，转过头看看杜鲁门总统，问道：

"我抽烟，你不会介意吧？"

显然，这不是真心征求意见，在他已经做好抽烟准备的情况下，如果对方说他介意，那就会显得粗鲁和霸道。这种缺乏礼貌的傲慢言行使杜鲁门有些难堪。然而，他只是盯了麦克阿瑟一眼，自我嘲讽道：

"抽吧，将军。别人喷到我脸上的烟雾，要比喷在任何一个美国人脸上的烟雾都多。"

由此可以看出，在交际中，当对方有意无意地触犯了你，把你置于尴尬境地的时候，借助自嘲摆脱窘迫，是一种恰当的选择。这样既能使你的自尊心通过自我排解的方式受到保护，不致失去平衡，而且还能体现出说话者的大度胸怀，有助于在交际中"得分"。

　　在生活中，我们会碰到许多人的触犯，其目的就是让你难堪，让你没有台阶下。在这种情况下，很多人束手无策。有的通过有损自己尊严的话，以求走出困境；有的则直白地反击，这只能招来他人的嘲笑。事实上，只要我们恰当地应用"自嘲"，完全可以使自己处于更有利的地位。

第五章

不粗鲁说话的艺术：用词巧妙，迂回暗示

巧妙类比，言在彼而意在此

有时，人们难免会陷入紧张或对立的状态。此时若用轻松的方式去解决，就可以巧妙地化解矛盾，比如用类比的方法。

在战国时期，齐国有个出身卑微的人叫淳于髡。他虽然身材矮小但口才很好，尤其善于讲笑话，使听者在笑声中受到启发。于是齐威王派他做齐国的使臣，出使各国。由于他有一副雄辩的口才，因而每次都非常出色地完成了使命，深得齐威王的器重。

一次，楚国发兵进攻齐国，齐威王派遣淳于髡带着黄金百斤、驷车十乘的礼物，前往赵国求救兵。淳于髡接到命令之后，放声大笑，直笑得前仰后合，浑身颤动，连帽子缨带都绷断了。齐威王问他道："先生是不是嫌我送给赵王的礼物太轻了？"

淳于髡回答说："不敢，我怎么敢呢？"

齐威王又问："那么，你为何这样大笑呢？"

淳于髡答道："不久前，我从东面来，看见路上有一个人正在向土地神祈祷。他拿着一只猪蹄，捧着一杯酒，嘴里念念有词：'高地上粮食满筐，低地上收获满车，五谷丰登，全家富足。'我看见他奉献给土地神的少，而向神索取的多，所以觉得好笑。"

齐威王听到此处明白了，淳于髡是在用隐语来劝谏自己增加礼物，于是决定把礼品增加到黄金一千斤、白璧十对、驷车一百乘。

淳于髡带着礼物前往赵国，说服了赵王。回国后齐威王便置办宴席庆贺，见淳于髡颇有酒量，就问他："先生最多能饮多少酒才会醉呢？"

淳于髡回答说："我饮一杯酒也会醉，饮一石酒也会醉。"

齐威王很惊奇，问他说："先生既然饮一杯酒就醉了，怎么还能饮一石酒呢？其中的道理可以说给我听吗？"

淳于髡说："如果在大王面前饮您所赐之酒，执事官吏在旁边看着，御史在后边监督，我心情恐惧，伏地而饮，这样的话，不过一杯就醉了。如果父母在家中接待贵客，我卷起袖子，陪侍于前，不时捧杯敬酒，恭敬陪侍，这样的话，不过两杯就醉了。如果朋友一起游乐，由于很久没有见面，现在突然相逢，便互诉衷情，这样的话，大约饮五六杯才会醉。如果乡里相聚，男妇混杂在一起，细斟浅酌，一边饮酒，一边下棋、投壶，做各种游戏，随便与女郎握手也不受处罚，目不转睛地注视她也没有顾忌，前面掉有妇女的饰物，后面有姑娘遗落的发簪，我心中一高兴的话，便可饮八九杯。如果日暮酒残，将残席合并在一起，男女同席，促膝挨肩而坐，靴鞋交错，杯盘狼藉，一会儿堂上蜡烛尽熄，主人送走客人而独独把我留下，她敞开了罗袯的衣襟，我隐隐闻到一阵微香，当此之时，我心中最快乐，就能喝到一石。所以常言说'酒极则乱，乐极则悲'，一切的事情都是这样的。"

齐威王听了淳于髡这一番话语，明白了淳于髡是用幽默的隐语进行讽谏，从此不再作长夜之饮。

在一次新闻界的餐会上，美国总统艾森豪威尔应大家的要求站起来讲话。

他说："大家都知道，我不是善于言辞的人。小时候我曾经去拜访过一个农夫，我问这个农夫：'你的母牛是不是纯种的？'他说不知道。我又问：'这头牛每个星期可以挤出多少牛奶呢？'他也说不知道。最后，他被问烦了就说：'你问的我都不知道，反正这头牛很老实，只要有奶，它都会给你。'"

艾森豪威尔笑了笑，对所有在场的新闻界人士说："我也像那头牛一样老实，反正有新闻，一定都会给大家。"

说话兜圈子，绕道而行；用比喻、影射的方法举例说明；说故事，讲寓言，用幽默及双关语开开玩笑；采用游击战术，不正面冲突；拖延时间，爱理不理，静观其变……这些都叫迂回策略。

用不经意的话暗示别人

在日常交际中，当需要批评或提醒他人而又不便直接向他提出时，便可考虑使用侧面暗示法，从而达到启示、提醒、劝阻、教育他人的目的。

会说话的人知道哪些话可以说，哪些话不可以说。他们懂得用委婉含蓄的话语，不经意地暗示别人，在坚持自己原则的同时又不会令对方太过难堪。

有一次，小王家里来了客人，聊了几个小时后，这位客人还无意离去。

小王因还有其他事情要做，屡次暗示客人，但是那位客人却"执迷不悟"。小王无奈之中心生一计，对他说："我家的菊花开得正旺，我们到园子里去看看？"

客人欣然而起，于是小王陪他到花园里观赏菊花。看完后，小王趁机说："还去坐坐吗？"

客人看看天色，恍然大悟地说："不了，不了，我该回家了，要不就错过末班车了。"

小王没有直接说明自己有其他事情要做而是用不经意的话暗示对方，不仅没有让对方感到尴尬，而且也达到了自己的目的。

一天，几位青年人去拜访某教授。不知不觉已谈到深夜，教授接着其中一位青年人的话题说："你提的这个问题很值得研究，明天我去 A 城参加一个学术会，准备就这个问题找几位专家一块儿聊聊。"听完教授的话，几位青年立刻起身告辞："很抱歉，不知道您明天还要出差，耽误您休息了。"

如果遇上了一位不知情的客人，你让他走也不是，不走也不是，这可是件很让人尴尬的事情。这时，你不妨采取一些巧妙的暗示。诸如看看钟表，或者随意地问他忙否，然后再告诉他你最近都很忙。一般地，稍微敏感点的客人肯定就会起身告辞，但若是"执迷不悟"的客人于此无动于衷，我们就可以巧妙地转移一下地点，像小王那样用一下"调虎离山"之计，这样既维护了彼此的情感，又不至于耽误自己的事情，可谓两全其美。

在日常交往中，当需要批评或提醒他人而又不便直接向他提出时，便可考虑使用侧面暗示法，从而达到启示、提醒、劝阻、教育他人的目的。

在一家高级餐馆里，有一位顾客把餐巾系在脖子上，餐馆经理对此很反感。于是，他叫来了一个女服务员说："你要让这位绅士懂得，在我们的餐馆里，那样做是不允许的，但话要说得尽量委婉些。"女服务员来到那位顾客的桌旁，很有礼貌地问："先生，您是刮胡子，还是理发？"话音一落，顾客立即意识到自己的失礼，赶快取下了餐巾。

这位聪明的女服务员没有直接指出客人有失体统，却拐弯抹角地问两件与餐馆毫不相干的事——刮胡子和理发，表面上看来似乎是女服务员问错了，而实际上她通过这种风马牛不相及的事情来提醒这位顾客，不仅使顾客意识到自己失礼之处，又做到了礼貌待客，不伤害顾客的面子。

侧击迂回，举重若轻显真功夫

迂回就是一种拖延战术，目的是要争取更多的时间促进沟通的进行。如果沟通不畅，可以考虑用迂回的方式寻求外界支援或是跳离原来的沟通模式，以特殊的方法突破沟通障碍，让沟通顺畅。

说话迂回虽然给人啰唆的感觉，但是它能更好地突破沟通障碍，让沟通顺畅。

一次，德皇威廉二世派人将一艘军舰的设计图交给一个造船界的权威人士，请他评估一下。他在所附的信件上告诉对方，这是他花了许多年，耗费了许多精力才设计出来的，希望对方能仔细鉴定一下。

几个星期之后，威廉二世接到了权威人士的报告。这份报告附有一些以数字推论出来的详细分析，文字报告是这么写的：

"陛下，非常高兴能见到一幅绝妙的军舰设计图，能为它作评估是在下莫大的荣幸。可以看得出来这艘军舰威武壮观、性能超强，可说是全世界绝无仅有的海上雄狮。它的武器配备可说是举世无双，舰内设施豪华。这艘举世无双的超级军舰只有一个缺点，那就是如果一下水，马上就会像只铅铸的鸭子沉入水底。"

威廉二世看到了这个报告，不但没为设计失败而气恼，反而禁不住笑了起来。

说话高手并不是指那些会说好听的话、使用华丽辞藻的人，而是善于运用迂回婉转说话技巧之人。

善用闲谈，化解尴尬

生活中难免会碰上尴尬的事情。这个时候，我们完全可以随机应变，巧妙地说一下闲话，使气氛得到缓和。

面对尴尬的窘境，如果置之不理，会有损自己的尊严；如果斤斤计较，又会有损自己的风度；如果无所适从，会有损自己的形象；如果处理不当，又会激化矛盾。可是，若你懂得用巧言妙语回答，不但能够很好地化解尴尬，而且会使气氛变得温馨。那么，化解尴尬的方法都有哪些呢？

1. 自嘲式化解

自嘲，顾名思义，就是自我解嘲，调侃自己。自嘲是一种幽默，一种智慧。处理好复杂的人际关系可不是件容易的事，一旦陷入尴尬境地，不妨自我解嘲一下，既给自己找个台阶下，又能巧妙地缓和气氛。

某著名诗人应邀到某大学中文系作家班做学术讲座。诗人讲到自己的诗作时，准备朗诵一段，可诗稿却放在一个学员的课桌上，诗人便走下讲台去拿。但诗人在上台阶时，一不留神跌倒在第二级台阶上，学员们顿时哄堂大笑。诗人稳住身子，转向学员，指着台阶说："你们看，要升一个台阶多么不易，生活是这样，做诗亦如此。"这一哲理性的话语顿时赢得了热烈的掌声。诗人笑了笑，接着说："一次不成功不要紧，再努力！"说着，装着用力的样子走上讲台，继续他的讲座。

2. 反话式化解

林肯是一个富有幽默感的总统。有一次，林肯自己在擦皮靴，某外交官问道："总统先生，您总是擦自己的靴子吗？"林肯不动声色地回答说："是啊，那你是经常擦谁的靴子呢？"

林肯的高明在于他巧妙地绕开对方所提出的一个判断性问题，进而找出破绽，给对方回敬了一个特指性的反话。

3. 自圆式化解

一位主持人在主持一次知识问答类节目时，问道："国外公园里常常有武士模样的人摇着铃铛走东串西，请问这人是干什么的？"

参赛者的回答各种各样，可结果都是错的。最后主持人告诉大家谜底："是卖茶水的人。"此时主持人见参赛者情绪有些低落，赶快补上一句："看来这地方的水真是太宝贵了，卖茶水的人穿成这样，把我们都迷惑了。"

这句话看起来很平常，可句中的"我们"拉近了双方的距离，化解了参赛者由于回答错误可能带来的尴尬。

面对尴尬时，如果我们能够巧妙地说一些闲话，不仅可以化解尴尬的境地，还可以转移对方的注意力。因此，面对尴尬的局面时，幽默地说一些闲话是非常必要的。

淡化感情色彩，间接地表达你的不满

旁敲侧击，比喻说话、写文章不从正面直接点明，而是从侧面曲折地表明观点或加以讽刺、抨击。

在公众活动中，可能经常遇到让人尴尬而不满的情景。在这种情景下是不该强硬地表达不满的，而应该淡化感情色彩。

英国前首相丘吉尔在他执政的最后一年，出席一个政府举办的仪式，在他身后不远的地方有几个绅士窃窃私语："你看，那不是丘吉尔吗？""人家说他现在已经开始老朽了。""还有人说他就要下台了，要把他的位子让给精力更充沛更有能力的人了。"当这个仪式结束的时候，丘吉尔转过头来，对这几个绅士煞有介事地说："唉！先生们，我还听说他的耳朵近来也不好使了。"

丘吉尔知道，自尊自爱就要以适当的方式来表达自己的思想感情，他在这里的幽默一语，既淡化了感情色彩，给自己解了围，又表达了不满，使那些绅士自讨没趣。

美国前总统威尔逊在一次竞选演讲中，遭到一个捣乱分子的挑衅。演讲正在进行，捣乱分子突然高声喊叫："狗屁！垃圾！臭大粪！"这个人的意思很明显，是骂威尔逊的演讲臭不可闻，不值得一听。威尔逊对此感到非常生气，但只是报以微微一笑，安慰他说："这位先生，我马上就要谈到你提出的环境脏乱差的问题了。"随之，听众中爆发出掌声、笑声，为威尔逊的机智幽默喝彩。

社交场合碰到别人的不恭言行，还真不能发作，但憋在心里也不好受。海明威曾说过："告诉他你不高兴，但在话中别出现'不高兴'这个词。"把表示不满的语言的感情色彩淡化一下，让对方知道你不高兴，又不致破坏友好气氛，是个不错的方法。

说得巧，逐客令也能变得美妙动听

古人云："有朋自远方来，不亦乐乎。"友人来访，彼此促膝长谈，交流思想，应该是令人十分愉快的事。

但现实生活中也有与此截然相反的情况。茶余饭后，你刚想静下心来读点书或者做点事，不料不请自来的长舌客扰得你心烦意乱。他东家长西家短，没完没了，一再重复着你毫无兴趣的话题，而且越说越来劲。你勉强敷衍，心不在焉，焦急万分，想对他下逐客令，但又怕伤感情，难以启齿。那么，该怎样对付长舌客呢？最好的对付办法是运用高超的语言技巧把逐客令说得美妙动听，这样你就能两全其美：既不挫伤其自尊心，又能使其知趣地告别。

下逐客令时，主人必须掌握两条原则。

有情。长舌客一般是邻居、亲戚、同学、同事，主客之间相当熟悉，切忌用冷冰冰的表情和尖刻刺耳的语言刺伤对方，一定要使对方感觉到主人对他还是很有情谊的。有情，才能使逐客令真正变得美妙动听。

有效。要使长舌客听了你得体的话语后明显减少来你家的次数，缩短闲扯的时间，这样，主人的语言技巧便真正起到了逐客的作用。

第六章

道歉时的说话艺术：注意时机，真挚诚恳

道歉，时机很重要

如果你错了，就要及时承认。与其等别人提出批评指责，还不如主动认错道歉，更易于获得谅解宽恕。凡是坚信自己一贯正确，发生争端总是武断地指责对方大错特错而自己从不认错、道歉的人，根本不能服众。领导者认错不会丢脸，也不会丧失威信，反而有利于维护形象、提高威信。有错就承认，并勇于主动承担责任的领导人，比自夸一贯正确，有错就把责任往下推的领导，更有威信，更深得下级的信赖、拥护、爱戴。

真心实意的认错、道歉，就不必找客观原因、做过多的辩解。就是确有非解释不可的客观原因，也必须在诚恳的道歉之后再略为解释，而不宜一开口就辩解不休。否则，你对自己的错误实际上是抱着抽象否定、具体肯定的态度，这种道歉，不但不利

于弥合双方思想感情上的裂痕，反而会扩大裂痕、加深隔阂。道歉需要诚意。双方成见很深，当对方正在火头上，好话歹话都听不进时，最好先通过第三者转致歉意，待对方火气平息之后，再当面赔礼道歉。有时当务之急不是先分清谁是谁非，而是要求双方求同存异，去面对共同的困难或"敌手"。如双方僵持不下，势必两败俱伤。如一方先主动表示歉意，就有可能打破僵局，化紧张为和谐，乃至化"敌"为友，促成双方合作共事。

诚心诚意的道歉，应语气温和、坦诚但不谦卑，目光友好地凝视对方，并多用如"包涵""打扰""指教"等礼貌用语。道歉的语言，以简洁为佳。只要基本态度已表明，对方业已通情达理地表示谅解，就切忌啰唆、重复。否则，对方会怀疑你在以小人之心，度君子之腹，唯恐他不谅解。

明明没有错，也赔礼、道歉，这不是虚伪吗？不是卑怯吗？不。没有错，有时也需要道歉。如纯属客观的原因，比如气候变幻无常、意外的交通事故等，使你失信，给对方带来一些麻烦、损失，为什么不可以道歉呢？一味找客观原因，对方表面上不好责怪，但心情总是不愉快的，那就不利于增进友谊。如果你有事求助于人，对方尽了最大努力，由于受多方面条件的限制，事未办成，但他为此付出了艰巨的劳动；或事虽办成了，但对方付出的劳动，给他带来的麻烦，比你原先预料的要多得多。凡通情达理者，岂能毫无内疚之感，不说几句发自肺腑的道谢的话呢？这体现了你对他人劳动的尊重，而且以后有求于他，也好再开口。

对方不听你的劝告，闯了大祸，并已给他本人带来了巨大损失，他正沉浸在悲痛之中。此时此刻，你决不能先急于批评对方的错误，更不能埋怨他不听你的劝告，而应先表示慰问，再加上歉意，因为事先你没有再三极力劝阻。以后，再利用适当的时机、场合，双方共同来总结经验教训。凡通情达理者，一定会对你万分感激，并把你当成可信赖的知心朋友。

这些没有错误的真诚道歉，无论在个人、单位的社交活动还是在国家之间的外交往来之中，都是极为正常的表现，所以，我们也要认真加以对待。

道歉态度要诚恳

对待言语失误，道歉时态度诚恳是很重要的。内心有了真诚，即使说话不得当，也能得到别人的谅解。

与人交往，不可避免地会说错话、做错事，得罪人也就在所难免了。严重时，甚至会给别人造成沉重的精神痛苦和巨大的经济损失。对此，我们需要及时认识到自己的错误，诚恳道歉，并主动承担责任，一般情况下，总能得到别人的原谅。

道歉并非耻辱，而是真挚和诚恳的表现。伟人有时也道歉。丘吉尔起初对杜鲁门的印象很坏，但后来告诉杜鲁门说以前低估了他——这句话是以赞誉的方式做出的道歉。有的人虽然道歉了，但总想为自己的过失寻找借口，以保住自己的面子。这样做，只能让人觉得你没有诚意。没有诚意的道歉是不会获得他人的谅解的。

道歉，有时只不过是"对不起"简简单单3个字，然而有时它却是一种心灵美的外在表现。

一位中国访问学者在美国曾遇到这么一件事。

有一天，她埋头赶路，一边走一边考虑问题，因为有点儿走神，没注意马路上走来一位男士，一时收不住脚步，一脚踩在男士的鞋上。当然，她脱口而出说了声："I'm sorry!"但令她十分奇怪的是在她道歉的同时，那位男士也说了一声："I'm sorry!"这位女士好奇地问："我踩了你，你为什么要向我道歉呢？"

那位男士十分真诚地说："夫人，我想，是因为我挡了您的路您才踩到我脚上的，所以是我妨碍了您，我应该向您道歉！"

从这番话里我们就可以看出，勇于道歉的人，常常是善于体谅别人、善于设身处地为他人着想的人。

诚心诚意的道歉，应该语气温和、坦诚直率、堂堂正正，不必躲躲闪闪、羞羞答答，更不要夸大其词、奴颜婢膝，一味往自己脸上抹黑。那样，别人不仅不会接受你的道歉，甚至还会觉得你很虚伪。

将道歉寓于赞美中

在道歉的时候，称赞对方，让对方获得一种自我满足感，知道自己是正确的，别人是错误的，这样能轻而易举地获得对方的谅解。例如，当你用言语伤害了同一单位一位平常挺关心你的同事之后，你向他道歉。话可以这样说："我早就想跟你做检讨，当年咱俩一块儿到单位，你对我一直很关心，像个老大哥似的，后来只怪我不懂事，做了些不恰当的事……""当初说的一些话是我不对，知道你宽宏大量，一定能原谅我的过错。"一般说来，在道歉时责备自己大家能做到，但是却常常忘了称赞对方几句。其实，赞美法是道歉的一个好方法。

陈先生被调派到分公司半年，一回到总公司，马上就赶着去问候以前很照顾他的田科长。

陈先生对过去田科长经常不辞辛劳地跑到分公司给予指导的事，反复地致谢，可是，不知怎么搞的，对方反应似乎很冷淡。当陈先生纳闷地走出门时，一名同事才过来告诉他说："田科长现在已经升为副处长了！"

不知道对方已经升职，依然用以前的职称称呼，可能会使对方心里觉得不舒服。另外，虽在同一个公司，总公司和分公司却由于距离的相隔，消息有时无法及时互通。因此像陈先生相隔半年才回到总公司的情形，最好在进入总公司之前，事先确认对方的职位是否已经有变化。当然，像陈先生上面的情形，说错的话是再也收不回来的。现在唯一能做的，就是考虑应该如何弥补。当知道事情真相后，应该马上返回去向田副处长道歉。例如，他可以说：

"田处！真是恭喜您了！我才半年时间没见您，就晋升为处长了，害得我都不知道，还科长科长地叫呢，真对不起。"

田处长听了陈先生的话，肯定高兴得合不拢嘴。

一句赞美的道歉话，让对方心花怒放。相反，如果其这样道歉："对不起，我刚才叫你科长，是因为我不知道你升职了。"那么，还会是这样的结果吗？很显然答案是否定的，对方的回应肯定是面无表情的"没关系"。由此可见，用赞美的方式道歉的力量是多么的大。

第七章

调解纠纷的说话艺术：淡化事态，打好圆场

调解纠纷的"三宝"

在日常生活中，人与人之间有时难免会因为这样那样的原因引起争吵或纠纷，产生交往上的障碍，对于始料不及的纠纷，如果得不到及时解决，化干戈为玉帛的话，往往会使双方积怨加深，妨碍彼此间的正常关系。这时就需要纠纷外的第三者去调解，使其关系融洽。

比如说，你与一个朋友之间产生了一定的隔阂，但又不想与之断交，这就不妨请第三者从中说和。第三者的任务是将双方的歉意及想保持交往的愿望准确真实地进行传递。

小孩子们中常常出现这种事情："小燕，珍珍愿意和你好了，你呢？""我也愿意。""珍珍，小燕愿意和你好，大家拉拉手吧！"这是最简单的第三者消除隔阂的办法。成年人的世界里，

这种方法用得很多，也复杂得多。

人间需要"和事佬"。有机会充当这样的角色，是很有意义的事。有时候，双方陷入僵局，相持不下，顾及脸面，谁也不愿低姿态，给对方一个台阶。这时"和事佬"就大有用武之地了。"和事佬"最高超的功夫，就是"打圆场"。

所谓"打圆场"，是指交际双方处于争吵或尴尬境地时，由"和事佬"出面站在第三者角度进行调解。"打圆场"运用得好，可以活跃气氛，联络感情，消除误会，缓和矛盾，平息事端，还有利于化解尴尬，打破僵局，解决问题。

那么，如何才能达到顺利调解纠纷的目的，让"打圆场"打得成功呢？

1.先表"赞同"，后诉歧异

调解员在进行调解时，由于其特定的身份，往往使调解对象产生紧张、戒备乃至对立的情绪。要使自己的意见易于被调解对象接受，不妨适当采用"赞同"的方法，即强调谈话双方在某一方面的"一致性"的方法，如强调共同愿望，肯定对方某一点意见的正确，等等。

这种寻找"一致性"的方法，有助于打消调解对象的对立心理，平定激动的情绪，从而理智地、心平气和地接受自己的正确意见。这种找共鸣点，先赞同长处、后驳斥短处的调解语言，既使调解对象的委屈、愤怒心理得到了平衡，又使其顺其自然地接受了自己的意见，收到了事半功倍之效。

2.言辞恳切，合法合情

既然是调解，那么调解的矛盾均属于没有什么严重冲突的人民内部矛盾，应以和平解决为最佳途径，这就要求调解语言既要符合法律规范，又要符合调解对象的特定心理。有时调解语言虽然合理、合法，却不合"情"。可见，调解语言不可生搬硬套，必须根据调解对象的不同的心理特点，选用不同的调解语言。

3.因人而语，忠言不逆

世人常说："良药苦口利于病，忠言逆耳利于行"，但随着科学技术的迅速发展，良药也裹上了糖衣，变得可口了。既然良药未必苦口，那么忠言也未必逆耳，这就取决于说话的方式方法了。调解人员要抓住调解对象自尊、爱面子的心理，从维护双方名誉出发，晓之以理，动之以情，使忠言的表达深刻得体，忠言也变得顺耳利行了。

打圆场要让双方都满意

在别人发生矛盾、争论的时候，夹在中间的滋味是比较尴尬的。作为争论的局外人，我们应当善于打圆场，让矛盾得到及时化解。但是在打圆场的时候，一定要注意一个问题，就是要不偏不倚，让双方都认为你没有偏向。否则，只能是火上浇油，还不如不说。

凡事都有诀窍，打圆场也有打圆场的学问。归纳起来，打圆场的学问主要有以下几点：

1.说明真相，引导自省

当双方为某件小事争论不休，各说一套，互不相让，纠缠不休时，"和事佬"无论对哪一方进行褒贬，都犹如火上浇油，甚至会引火烧身，不利于争端的平息。因此"和事佬"此时只能比较客观地将事情的真相说清楚，而不加任何评论，让双方消除误会，从事实中反省自己的缺点或错误，引导他们各自多作自我批评，使矛盾得到解决，达到团结的目的。

2.岔开话题，转移注意

如果属非原则性的争论，双方各执己见，而这场争论又没有必要再继续下去，那么作为"和事佬"又如何"打圆场"呢？如果力陈己见，理论一番，恐怕不会有效。这时，不妨岔开话题，转移争论双方的注意力。

3.归纳精华，公正评价

假如争论的问题有较大的异议而双方又都有偏颇，眼看观点越来越接近，但由于自尊心，双方又都不肯服输，那么"和事佬"应考虑双方的面子，将双方见解的精华归纳出来，也将双方的糟粕整理出来，做出公正评论，阐述较为全面的双方都能接受的意见。这样，就把争论引导到理论的探讨、观点的统一上来了。但不能"各打五十大板"。因为，所谓"各打五十大板"是不分青红皂白、是非曲直的，那样乱批一气不利于解决问题，不可取。

适当地褒一方，贬一方

不对争执双方做人格上的评价，而强调双方在性格、能力等方面的差异性，在客观上起到褒贬的效果，从而化解争执。人们在吵架的时候，经常为了谁对谁错、谁好谁坏而争执不休，直接的褒贬至少会引起一方的不满，甚至伤害其自尊心。因此，劝架者在对一方进行劝解时应该避重就轻，不对双方道德上的孰优孰劣做出判断，而是强调二者在个性、能力上的差异，适当地"褒一方，贬一方"可使被褒的一方心理得到满足并放弃争执，而又不伤害被贬的一方，使劝解成功。

小陈和小杨是某学校新来的年轻教师，小陈心细，考虑事情周到，小杨性情有些鲁莽，但业务能力较强。一次，两个年轻人发生了争执，小陈说不过小杨，感觉很委屈，跑到校长处诉苦。校长拍拍小陈肩膀说："小陈啊，你脾气好，办事周到，这个大家都清楚，也都很欣赏，可是小杨天生是个躁性子，牛脾气一上来什么都忘了，等脾气过去了就天下太平。你是一个细心人，懂得从团结同事、搞好工作的角度看待问题，你怎么能跟他那暴性子一般见识呢？"一番话说得小陈脸红了起来。

这是一个强调双方差异来解决纠纷的典型例子。校长没有直接批评小杨，而是反复强调小陈脾气好，小杨性格暴躁，这实际上是通过比较两人截然不同的性格来肯定小陈待人办事的方法是正确的，小陈领悟到校长的意思，自然也不会再跟小杨计较。

此外，在褒一方，贬一方时，作为调解纠纷的第三人应记住以下几点，以免褒贬不当而引起当事人的反感，让事情变得更糟。

1. 忌激化矛盾

很多调解纠纷的第三者在"褒一方，贬一方"时，由于方法不当而加剧矛盾，这主要是因为：

第一是强化了当事人本来就不该有的消极情绪，从而火上浇油，扩大了事态。

第二是"惹火烧身"。因方法不当，激怒了当事人，使当事人把全部的不满和怨恨情绪都转移到了第三者身上，第三者成了他的"出气筒"。

2.忌急于求成

人们常说，善弈棋者，每每举一而反三。做别人的思想工作好比下棋，也要珍视这"三步棋"的做法，要耐心细致，再三斟酌。如果条件不具备就急于求成，不瞻前顾后，总想一劳永逸，其结果往往是事倍功半，"成"效甚微，甚至把矛盾激化。

3.忌官腔官调

要克服官腔官调，最主要的是应该增强普通人的意识，以普通人的姿态出现在人们面前，彻底改变那种高高在上、唯我独尊、主观武断的官僚作风和指手画脚、发号施令的作风。

还必须注意坚持实事求是的态度，慎用套话，加强语言表达能力的培养。

4.忌空洞说教

要避免空洞说教，尤其要从道理上使人信服；思想观点要明确；语言要朴实新颖。三个方面都要下功夫。

5.忌反常批评

要努力克服以下几种不正确的批评方式：

批而不评式；阿谀奉承式；隔靴搔痒式；褒贬对半式。

以上几种不正确的批评方式，均属于调解纠纷的"败笔"。要想使调解达到转变对方态度、修正对方错误的目的，就应该正确运用批评的武器，切忌简单化和庸俗化。

6.忌不分场合

如果不分场合，信口开河，不管人前人后，指名道姓地对人说服，效果往往不佳；搞不好还会出现与当事人的良好动机截然相反的结果。

维护当事人的自尊心

一般来说，人们对于自尊往往存有不容侵犯的保护意识，如果你能顾及他人的自尊，处处为其着想，那么解决起问题来就容易得多了。

同样，在调解纠纷时，不对矛盾的双方进行批评指责，相反，分别赞美争执的双方，肯定他们各自的价值，使他们感到再争执下去只会损害自己的形象，因而自觉放弃争吵。

星期天，小陈一家包饺子，小陈的母亲擀饺子皮，小陈夫妻俩包。不一会儿，小陈的儿子从外面跑进来："我也要包。"

小陈的母亲说："大刚乖，去洗了手再来。"

小陈的儿子没挪窝，在一旁蹭来蹭去。小陈妻子叫："蹭什么！还不去洗手，看弄得一身面粉，我看你今天要挨揍。"

"哇……"5岁的大刚竟哭起来。

"孩子还小，懂什么？这么凶，别吓着他！"奶奶心疼孙子了。

"都5岁了还不懂事，管孩子自有我的道理。护着他是害他！"

"谁护着他了，5岁的孩子能懂个啥，不能好好说吗？动不动就吓他！"

小陈一看，自己再不发话，"火"有越烧越旺之势，便说："再说，今天这饺子可就要咸了哟！平日里，街邻、朋友都说我有福气，羡慕我有一个热情好客、通情达理的母亲，夸我有一位事业心强、心直口快的妻子，看你们这样，别人会笑话的，都是为孩子好。大刚，还不快去让奶奶帮你洗洗手，叫奶奶不要生气了。"又转向妻子："你看你，标准的'美女形象'，嘴噘得都能挂10只桶了。生气可不利于美容呀！"妻子被他逗乐了。那边，小陈母亲正在给孩子擦身上的面粉，显然气也消了。

每个人都有自尊，要维护他人的自尊，绝非一两次的表态可以奏效，它是在日常接触中所形成的。

弗雷德·薛佛在纽约人寿保险公司工作，在保险业中，日常关系是最重要的。因为在保险业里，业务人员就等于是公司本身。业务员如果业绩不佳，不久就连公司都将无立足之地。

多年前薛佛曾任职于一家国际保险公司麦卡比公司。当公司迁入一座新大楼后，跟以前不同的是这大楼中还有几家公司。薛佛希望在搬迁之后，原来所维持的重要的个人关系并不因迁移而疏忽。所以，他到新大楼上班的第一天，第一件事就是走到负责安全的人员台前。

薛佛回忆当时的情景："当时有十来位负责安全的人员，我请他们都围拢来，结果发现他们除了知道我们公司的名称之外，其他一概不知，连我们从事保险业都不清楚。于是我对他们说，'各位！我们在底特律市有几位很重要的业务代表，如果你们发现来的人是业务代表，我们一定得给予最隆重的欢迎，我是说尽量让他觉得备受重视，如此便得劳驾你们亲自送他上7楼找到他所要会见的人，也请你们一定要配合帮忙'。后来我听到一些业务代表谈起他们来到这栋大楼所受到的礼遇，让他们感到很高兴。"

所有的这些小动作加起来就是一个很重要的整体结果，那就是：人们会对自己觉得很满意。员工只要相信公司关心他们，并了解他们的需要、维护他们的自尊，就会以努力工作，达成公司目标作为回报。

每一个人都是有自尊心的，如果你对他所说的话能够表示同意，这就是尊重他的意见，他在无形中就把自己抬高了，而抬高他的便是你，自然他对你是十分高兴的，他也愿意和你做朋友。反过来，你不能对他的意见表示同意，显然你是站在他的对立面，他能不和你为难吗？所以在说话的时候，这一点我们是应该要加以注意的。

总之，顾及他人的心态及立场，尊重他人的自尊，是调解纠纷的必备武器，更是相当重要的为人之道，也是让他人信任的不可或缺的要素之一。因此，你要促使别人与你合作，你要说服他人，就必须遵循说服的这一要诀：维护他人的自尊。

淡化争端的严重程度

淡化争端的严重程度，使一方或双方看淡争端，从而缓和情绪，平息风波。

某厂一对新婚不久的夫妻因家庭小事闹矛盾，女方一气之下跑到娘家哭诉告状，说男方欺负她，哥哥听罢心想：我妹妹结婚不久就遭妹夫欺负，日后还有好日子过？于是气愤地扬言要去教训妹夫。这时，父亲充当起"和事佬"来，他对儿子说：

"教训他？别冲动！教训他就能解决问题吗？再说，他家又不在厂里，一个人孤立无援的，你去教训他，旁人岂不要说闲话？好了，你妹妹自己家里的小事，用不着你操心，还有我和你妈呢。你多管些自己的事吧。"

待儿子息怒离开后，父亲又劝慰女儿说：

"别哭了，又不是什么大不了的事。都结婚出嫁了，还耍小孩子脾气，多丢人。小夫妻哪有不吵架的？我当初和你妈就常吵闹呢。不过，夫妻吵架不记仇，夫妻吵架不过夜。你不要想得太多，日后凡事要大度些，不要像在娘家那样娇气任性。好，快点回你们小家去，不要让他到这里来找你回去，他是个不错的小伙子。家丑不可外扬，以后丁点儿小矛盾不要动不动就往娘家跑噢！"

女儿点头止哭，像没事一样，回她的小家去了。

夫妻吵架本是稀松平常的事，而当事人本身却认为事情很严重。因此，父亲在劝慰女儿的过程中，始终强调夫妻闹别扭只是"丁点儿"小事情，促使女儿把争端看得淡一点。女儿在冷静思考之后，认同了父亲的看法，思想疏通了，气也自然消了。

作为调解纠纷的第三者，如果想淡化矛盾双方争端的严重性，就必须学会以下技巧：

1. 将严肃的问题诙谐化

在双方僵持不下时，采用巧妙的方法将严肃的争执点转化为幽默诙谐的形式，以此来缓和气氛，制造转机。如果纠纷双方是为了一个严肃的问题而互相争执，那么这个问题的严重性带来的压力往往会加深他们之间的相互敌视，促使他们更加坚持己见、互不示弱。为了打破这种僵持不下的局面，调解方应该采取巧妙的方法将严肃的争执点转化为诙谐幽默的形式，使双方的心理压力得到缓解、气氛变得轻松，为问题的解决制造转机。

2. 调虎离山，暂熄战火

有的争论，发展下去就成了争吵，甚至大动干戈，如果双方火气正旺，大有剑拔弩张、一触即发之势，"和事佬"即可当机立断，借口有急事（如有人找，或有急电），把其中一人调走支开，让他暂时脱离争论，等他们消了气，头脑冷静下来了，争端也就平息了。

假如你想让两个过去互相抱有成见的人冰释前嫌；假如你的亲人突然遇到过去关系很坏的人而你又在场；假如你作为随从人员参加的某个谈判暂处僵局……作为第三者，你应首先联络双方的感情，努力寻找双方心理上的共同点或共同感兴趣的问题。一幅名画，一张照片，一盘棋，一个故事，一则笑话，一句谚语，一段相同或相似的经历，乃至一杯酒、一支烟都可能引起对方的兴趣，都可成为淡化争端的严重性、融洽气氛、打破僵局的契机。

第八章

拒绝时的说话艺术：当机立断，敢于说"不"

说出内心的"不"

在成为外部客观行为之前，说"不"是一种内在主观经验。首先你要思考如何说"不"，之后你要清楚为什么说"不"以及是否应该说"不"。

有些人，他们体内的声音用以下方式说"不"："不，我将不让你伤害我。不，我不能再忍受了。不，事情不一定如此。"问题在于，即使你的内心决定说"不"，你也不总是能大声说出"不"并且让别人听到。

为什么是这样呢？由于种种原因，你内部的"不"（说"不"的主观愿望）与外部的"不"（大声说出"不"的客观行为）总是不能协调一致。例如，当你不想给别人留下坏的印象时，你会说"是"——尽管你想说"不"。当你想要某人喜欢你时，你也会说"是"——尽管你想说"不"。小孩在想要说"不"时说"是"，这样他们就能交到朋友。当你疲倦并且没有足够的精力说"不"时，你会说"是"。如此种种，不胜枚举。

决定说"不"既是内部经验又是外部经验。在很多情况下，你都有时间仔细思考一下说"不"是不是最好的回答。令人感到欣慰的是，在很多场合，你都有时间仔细思考如何说"不"，你的直觉使你做出这样的回答，并且你知道"不"是最合适、最安全的回答。关键在于，如果你觉得而且知道"不"是合适的，那么就请你说"不"。当你感到危险时，请说"不"。倾听自己，相信自己，不要劝说自己说"是"。

如果你想说"不"，但感到不能或者不愿说"不"，那么就要问自己为什么。是因为你害怕说"不"会留下不好的印象？是因为你不想因为说"不"而感到郁闷？是因为你不确信说"不"的结果？还是因为他人使你感到烦闷？请专注于协调你内心的想法和你将大声说出的话。

请思考下列关于说"不"的标志、事例和话语。

"谢绝推销。"这是一位邻居贴在门上的一个标志。贴这些标志的人想告诉人们，他们对什么人说"不"。

在读大学时，王春霞在一家杂货店兼做熟食柜台的服务员。一个繁忙的午餐时间，柜台的另一边有位顾客一边踱步一边自言自语，声音大到足以让其他顾客听到他的咒骂声。他好像在和全世界的人生气似的，并且告诉每个人他不开心。王春霞的同事必须去厨房的冰箱拿这个顾客要买的东西。当这个同事离开柜台时，这个顾客的愤怒行为开始针对这个离开的同事。这时其他顾客开始感到惊恐不安，并且从他身旁走开。看到了这一切，王春霞心里想："这样不行，我要说说。"尽管王春霞也知道"顾客总是对的"。因此，王春霞直接瞪着那位顾客，清楚、坚定、相当高声地说："先生，她已经去拿你要的东西了。她正尽力满足你的需要并且马上拿来你需要的东西。"王春霞没有大声说出："不，先生，你的行为不可忍受。"但王春霞大声说出的那些话足以表明他的行为不可忍受。他顿时安静下来，拿着他买的东西离开熟食区，一句话也没有说。

这件事说明，我们能通过有效、清楚、客气的方式说"不"来解决问题。

你怎样说"不"

想象你如何说"不"。如果你不能想象自己如何说"不"，那么你几乎没有说"不"的能力。思考你想对谁说"不"，想象一下这个人的模样以及你与他交往的情形。

下列问题决定你将怎样说"不"，而且说到做到。

（1）什么激励你说"不"？

（2）你期望什么？你为什么想说"不"？

（3）你准备应对什么结果？

（4）你的站姿如何，坐姿如何？

（5）你的脸色如何？

（6）你将使用什么语气？

（7）你将怎样应对别人对你说"不"的回答？

（8）你想在什么场合说"不"？

（9）听一听你将怎样说"不"。

现在，请大声说出"不"！如果你发现自己说出"不"时的声音不大而且毫无意义，就请回答下面的问题。这些问题可以帮助你练习如何大声地、有意义地说"不"。

（1）你想每周工作100个小时吗？

（2）你想得到少于你应该得到的报酬吗？

（3）你想吃到撑破肚皮吗？

（4）你想卷入一次致命的车祸吗？

构造真正说"不"的话语

你想要说"不"并不意味着他人能听到你说"不"。你回答的第一个字就是"不"，然后再说一个支持你的"不"的句子。如果你想造一个意思是"不"的句子，你就要对下列"说'不'的能力模型"问题回答"是"。

目的："不"这个字是否出现在句首？

选择：你是否知道你没有别的选择和办法？

时间：这个句子能够持续多长时间来清楚表明你的"不"的意思？

情绪：你承认你所要说的有效吗？

权利：你考虑过说"不"的权利、责任、可能的对策以及结果吗？

如果你不能对全部5个问题说"是"，你就可能使自己处于一个犹豫不决者的立场，而且他人会认为你没有做出决定或者在说"是"。

你还要思考并想象下面的几个问题，以便当你想要说"不"

时，你的大脑、心灵和身体都能做好准备。其实"不"的主人已经知道如何做了。

描述一下当你说"不"时你希望发生的事情。

再描述一下在你说"不"之后发生的事情。

你将怎样放松并有趣地说"不"（而不会引起他人的痛苦）？

确信你说"不"的能力。专注于你所能做的事情，对其余的事情说"不"。

如果你确定"不"是最合适、最好、最安全、最道德的答案，那么就请说"不"。并根据当时的情况，大声地说出你的回答。

说"不"的个性话语

你要基于你的性格、你的生活经验，以及你对情况和结果的理解说"不"。"说'不'的能力模型"可以帮助你明确情况。对正面、负面以及中性结果的考虑可能给你指明不同的方向。并且，你的生活经验总是在表现和影响你怎样对人和情况做出回答。

你的性格和情绪也影响你说"不"的方式。你彬彬有礼地说"不"和气愤地说"不"，感觉截然不同，感到安全时说"不"和感到危险时说"不"也不一样。因此，带着不同的情绪，你回答的语气也就不同。并且在相同的情况下，我的回答和你的回答听起来也有区别，因为我们没有相同的生活经历和性格。

情绪影响语气和身体语言，同时影响你说"不"的被接受效果。姿态是你说话时所采取的态度、行为、口吻，以及目光接触等。每一种说"不"的个性话语都有相对应的说"不"的姿态。

下面是怎样区分说"不"的个性话语的方法。首先列举说"不"的个性话语的不同风格，随后用简短的描述和例子说明每一种说"不"的个性话语。每种说"不"的个性话语之后也列举了相对应的说"不"的姿态。

（1）直接坦率。你说"不"时，言简意赅，不留商量的余地："不。"

说"不"的姿态：直接说"不"者坚定、充满自信、声音洪亮。直接坦率地说"不"的姿态包含一种平和的口吻和直接的目光接触。

（2）闪烁其词。你的意思是"不"，但是你的话通常把你变成一个犹豫不决者："我认为我不能。"或者更糟糕，你说了"是"，但不能贯彻到底，因为你从未打算这样做。

说"不"的姿态：闪烁其词地说"不"者焦躁不安、声音微弱，别人几乎听不清楚。因为其声音不大，说话犹豫，眼神不定，所以他们听起来、看起来都像犹豫不决者。

（3）彬彬有礼。你使用坚定、礼貌、客气的话说"不"，体谅和尊重提出请求者以及请求："不，谢谢你。"

说"不"的姿态：彬彬有礼地说"不"者和蔼、有礼貌，充满自信、语气温和，能体谅他人。

（4）讲究细节。你知道你为什么说"不"，因此你在进行你的回答时讲究细节："不，我不准备承担这项工作，因为我现在的工作已经落后了。"

说"不"的姿态：讲究细节者保持中立，理由充分，用细节支持决定，声音洪亮，使用不同的口吻和气力。

（5）激励鼓舞。你轻松自如地说"不"，而不会伤害或者冒犯他人："谢谢你想起我。不，我对于这项计划没有热情，因此我不参加。"

说"不"的姿态：激励鼓舞者充满自信、体谅他人、轻松自如、声音洪亮、口吻平和。

（6）贪婪自私。你把"不"当作一种控制他人的方法。当他人听到你说"不"时，他们好像感到受到你的冒犯或伤害："不，你别妄想了，你知道不能那样做。不，我不会帮助你重新做。"

说"不"的姿态：贪婪自私者态度强硬、面目可憎、声音刺耳、思想散漫，喜欢支配别人，有时只顾自己，口吻富于变化，常常提高音调。

回到前面论述过的3种不同技能水平的说"不"的方式：说"不"者、犹豫不决者、唯唯诺诺者。随着你对这些方式以及做决定所用的话语和工具的深入理解，这本书的语言将变得更好记、更好用。说"不"的个性话语和这3种说"不"的方式有如下关系。

直接坦率者、彬彬有礼者、讲究细节者、激励鼓舞者都是称职的说"不"者。

贪婪自私者是口出恶语的"不"的主人。

闪烁其词者是犹豫不决或唯唯诺诺的人。

说"不"者的个性话语

下面是6位说"不"者的真实事例，这些事例表明了他们说"不"的个性话语。阅读这些故事，看看你是否能区分他们所表现出的个别或混合的说"不"的个性话语。

1. 安妮

安妮已经退休，她曾是一位研究人际沟通与交往的专家。她讲了她如何学会保护时间和说"不"的故事。

我是 A 型血的人，我总认为自己能再多做一件事情，直到我被诊断出患有乳腺癌。最后，我有了一个合适的说"不"的理由。我觉得我总有用不完的力量，但是我从未使用过。有一位经理曾经说，当他必须在困难的情况下说"不"时，他的下属都看着他并且期望他改变主意。然后他回答："你们不懂哪一部分'不'的意思？"这成为员工们茶余饭后的笑料。当我们中的一位说"不"时，我们会看看彼此，学着说："你们不懂哪一部分'不'的意思？"

作为直接坦率地说"不"的人，安妮断定："有时你甚至不需要一个说'不'的理由。能说'不'是你的权利——你不必制造一个理由。一旦你已经决定说'不'，就说出来，并且坚持下去。"

2. 格雷格

如果你清楚说"不"的理由，而且有明确的说"不"的策略话语，那么坚持你的回答就不是什么难题。格雷格·凯西是美国的一位前参议院警卫官，他说了下面的故事。

一位著名的美国参议员退出了参议院。作为一名参议员，他有一块特别的牌照（通常贴在车前窗上），这块牌照允许国会议员在华盛顿地区飞机场预留的地方停车。按规定，只有现任参议员会得到这种特别的牌照。有人打电话要求我给这位刚退休的知名前参议员一块。我说:"规章不允许,我是规章的主要实施者。不行。"参议员说:"所有的前任警卫官都有。"我说:"那不关我的事。我所关心的事是按规章办事,这样的情况不能给牌照。"

格雷格先生在这个故事里的说"不"的个性话语是直接坦率的。

3. 康妮

佛罗里达州的一名杂志编辑康妮写道:"我的搭档说,在他的几个孩子小的时候,孩子想做一些他和妻子禁止的事情,他们夫妇就说:'我们非常爱你们,但是我们不能让你们做。'他说这样很有效(或许只对父母而言)。"康妮的搭档说"不"的个性话语是彬彬有礼、直接坦率的。

康妮的另一个故事是关于一个可怕的推销电话。"当我不打算捐赠的一个慈善机构打我电话时,我告诉他们:'我承认你们的事业很伟大,我现在把孩子、饥饿、艾滋病和公民自由权放在首位,但不包括你们的慈善机构。'"康妮说得既彬彬有礼又注意细节。

现在把"说'不'的能力模型"应用于康妮对电话推销说"不"的话语中。她说"不"的目的是友好而坚定地拒绝捐赠慈善事业。康妮的选项是她支持的事业:"孩子、饥饿、艾滋病和公民自由权。"康妮选择的时间或期限是不确定的"现在"。情绪联系是双重的。首先,康妮表示"承认你们的事业很伟大"。其次,显然康妮把这4个原因放了"首位"。"说'不'的能力模型"的权利和责任是康妮清楚她所支持的事业有利于社区和整个社会,并且能不假思索地说出这些事业。换句话说,对于谁有权要求或期望她捐钱给他们的事业,她有自己的原则。

4. 琳达

琳达是一家造纸厂的业务部经理，她说了下面的故事。

我仿照我在商务写作技能培训班所接受的训练写了一篇说"不"的文章，并将它的标题命名为《如何说"不"而不会导致曲解》。在文章的开头，我引用了一位朋友多年以前告诉我的一个故事。在他上大一时，他第一次离开家。他特别想家，盼望家人的每一封来信，包括 7 岁的妹妹的来信。有一天，他情绪特别低落，但是当他在信箱里看见一封妹妹的来信时，就高兴起来。信中写道："亲爱的杰克，快乐的脚趾死了。"——快乐的脚趾是他们家的猫。

在传达坏消息或者说"不"时，不能使用"快乐的脚趾死了"的方式。太残忍了！我通常先用一两句话总结一下我目前的工作、生活或其他方面的状况："如你所知……"然后，我再增加一些利于我说"不"的复杂因素（如任务太多、时间不合适、不是合适的人选，等等）。最后，我就干脆说："不，真的抱歉，不行。"

在这个故事里，琳达说"不"的个性话语是细节和彬彬有礼的结合。

5. 玛格丽特

曾经做过公司主管和商业发展顾问的玛格丽特说：

在工作中我可以说："即使你完成了所有目标，我今年也不能批准给你加薪，因为我们今年没有钱给任何人增加工资。我对你今年达成某项合同非常满意，这反映在你的绩效考核上。你是我们团队中不可或缺的一员，我希望你选择和我们在一起。"

在这个例子里，玛格丽特综合使用了直接坦率和激励鼓舞的说"不"的个性话语。玛格丽特接着说："我能否成功地说'不'也要因人而定。一位不请自来的朋友经常忽视我温和的'不'，并且即使我表示抗议，她也一点儿不退让。因此，我的'不'变得简短而生硬。直到我说：'在你没有破坏你的拜访之前，请马上离开。'"玛格丽特最后的回答直接坦率。

6. 伯纳德

伯纳德曾是公司的主管和董事，他说了下面的故事。

我已经拒绝了董事会让我在 11 月 1 日之后继续担当董事的决定。我已经做了 7 年的董事，该说"不"了。回顾过去，我发现我的工作效率低下，有点徒劳无益。因此，我应该对我的核心计划和生意说"是"。

伯纳德既讲究细节又直接坦率。他不但说明了说"不"的原因，而且给他的"不"设置了具体的生效时间。

用个性话语说"不"

你可能在工作场所、在志愿活动中，或有时在家庭谈话中会听到下面的这些话。你听到过其中的哪些话？你使用过其中的哪些话？

· 不，我没有权力。（闪烁其词）

· 不，我没有时间做这项计划。（直接坦率）

· 不，我没有时间为你做这件事。（直接坦率）

· 不，我们部门不能经销这种产品。（闪烁其词，因为有人制定了规章实施管制，然而这种态度在给客户提供服务时是无用的）

下列陈述可能变成"不"或者"或许"。如果你真的不能得到这些句子，你就在说"不"。不过，如果你有可能得到所请求的东西，你就是在说"或许"。

·我们没有时间完成这项计划。（讲究细节）

·我们没有人员完成这项计划。（讲究细节）

·我们没有预算完成这项计划。（讲究细节）

·我们没有能力完成这项计划。（讲究细节）

·我们没有设备完成这项计划。（讲究细节）

·我们没有接受过训练的员工完成这项计划。（讲究细节）

·没有钱。（直接坦率）

·没有预算。（直接坦率）

·没有现金收支。（既直接坦率又讲究细节）

·没有权力。（直接坦率）

·没有员工时间可用。（既直接坦率又讲究细节）

某些"纯商务"、非常正式的说"不"的方式可以在以下场合听到：工作场所、董事会或者股东会议。

·那项计划被投票否决。（直接坦率）

·投票失败。（直接坦率）

·我们没有达成协议。（闪烁其词，因为我们仍然不知道达成什么决定）

·我们没有达到法定人数。（闪烁其词，因为我们不知道下一步将会发生什么）

·请求已经被否决。（直接坦率）

·命令被取消。（直接坦率）

·请求被拒绝。（直接坦率）

以下句子有益于对计划说"不",或者代表他人说"不",从而保护他们的时间。

·不,她不会参加那个计划。(直接坦率)

·不,他没有你需要的技能。(直接坦率)

·不,他们没有时间。(直接坦率)

·不,我不能给他们组安排任务,他们已经有任务了。(既直接坦率又讲究细节)

·不要更多的计划。(直接坦率)

·讨论结束。(直接坦率)

·驳回。(直接坦率)

·那种选择不值得考虑。(直接坦率)

·那种选择被排除。(直接坦率)

·放弃这项计划。(直接坦率)

·不,我不知道答案。(直接坦率)

雷切尔是一位来自明尼苏达州的职业女性,她说了她最喜爱的说"不"的方法之一:"不,鉴于我在其他时间有很多任务,现在我不能帮助你,不然,对你的计划很不公平。"显然,雷切尔是一位讲究细节者。一名西北太平洋公司的专业人士说她"在说'不'时经常提供一种选择。例如,'不,我在那时不能与你见面(我已经和别人约好吃午餐),明天怎么样?'或者'不,我不喜欢早晨6点沿着小路跑步(光线太暗我看不见),我们沿着高尔夫球场跑怎么样'"。她说"不"的个性话语是直接坦率和激励鼓舞相结合,因为她首先直接说"不",其次她对她的回答十分自信,知道她想做什么,并且会提供一种适合的选择。

彬彬有礼地说"不"

想过用轻松谈话的方式而不是公然对抗的方式说"不"吗？谈话或交谈是指听清并理解另一个人的观点，同时用你的知识、技能、技巧、经验和对方分享信息、见解。如果你相信某些事情，就坚持自己的立场；不要回避面对面的谈话。在一对一或多人讨论的情形下，不要怕和他人的意见不一致。建设性的冲突可能很有价值，有时找出你说"不"的原因可以产生新的解决方案或方法。虽然"不"还是"不"，但是现在有了一个可以导致"是"的新选项。

"不，谢谢你"是一种彬彬有礼地说"不"的方式。其他彬彬有礼地说"不"的方法还有以下这些：

·"我理解你的需要，但我的时间表目前已经排满了。关于谁能给你提供帮助，我的建议是……"（彬彬有礼，激励鼓舞）

·"我（们）不是做这项计划的合适人选。_____ 是合适的人选，他（或她）的联系号码是 _____。"（彬彬有礼，直接坦率）

·"不，谢谢你想到我。"（彬彬有礼）

·"不，请把我从你的候选名单中删除。"（彬彬有礼，直接坦率）

·"不，我要把这件事指派给 _____。"（彬彬有礼，直接坦率）

·"不，我要把这件事委托给 _____。"（彬彬有礼，直接坦率）

·"不，抱歉，我不能陪你去，我今天要做 _____。"（彬彬

有礼，讲究细节）

　　当你对他人的请求、邀请或者需求说"不"时，要维护他们的尊严。把"不"与人分开，说"不"的行为要针对请求本身而不是提出请求者。对请求说"不"时，避免使用"你"字。你是对请求说"不"，并非对人说"不"。花时间仔细考虑你将要说什么话、如何说得客气而一点儿不会冒犯他人。

　　我们在前面介绍过的玛格丽特说：

　　"彬彬有礼地说'不'是一种逐渐学会的技能，有点儿像餐桌礼仪。它是一种介于粗鲁与啰唆、冷淡与热情之间的平衡，不遵循'若无抱怨，绝不解释'的陈规旧俗。我确实设法解释使"不"变得温和，如果可能的话，我会提供另一种选择。我宁愿自己为'不'承担责任而不愿说'我的老板不批准它'。"

　　即使你说话清楚、友好、直接、诚实，但有时他人也会感到在和你疏远，因为你已经给了他们一个他们不想听的答案：不。注意下面这些关于说"不"时的事项能尽量避免双方关系破裂或疏远。

　　（1）诚实和直接。根据事实提供帮助信息，你有说"不"的能力和权利。提供不必要的多余信息将把你的回答变成借口，进而不但可能迫使你加入犹豫不决者的行列，而且给你以后说"是"敞开了大门。

　　（2）彬彬有礼。"不，谢谢你"既是直接坦率又是彬彬有礼的习惯用语。

　　（3）记住说"不"的3个层次：一，不，决不；二，不，或许；三，不，现在不行，以后可以。决定你想要且需要使用哪种"不"，选择能清楚表达你的意思而不会使你显得自私小气或轻率的话语。

（4）当你给请求者一个"不"时，他可能努力说服你放弃答案"不"。熟悉你为什么说"不"，坚持这个答案，要有自信，不要犹豫不决。使你的"不"针对事而不是人。

（5）如果你决定把"不"变为"是"，那么请明确地说明你说"是"的条件。

第九章

赞美他人的说话艺术：不同对象，巧妙夸奖

对男人和女人采取不同的赞美

　　人人都渴望被别人赞美，但男人和女人的需要是不同的。

　　男人要面子好虚荣，多表现在追逐功名、显示能力、展示个性以显潇洒和能人之形象方面，而女人则表现在对容貌、衣着的刻意追求或身边伴个白马王子以示魅力方面。男人要面子好虚荣，他们对此毫不遮掩，有时甚至坦率得令人吃惊，而女子则总是遮遮掩掩、羞羞答答；女性对于面子、虚荣还有几分保留，而男子则是全力以赴去追求面子，好似他的人生目的就是追求面子一般。

　　作为男人更要会赞美女人。能够做到张口也赞闭口也赞。这样，你才能在女人面前受欢迎，使你魅力无穷。

　　男人赞美女人是对女人的肯定，更是对女人魅力的一种欣

赏。在男人眼里，女人身上总有美丽动人之处，或者是皮肤细腻，或者是身材苗条，或者是眉目含情，或者是穿着得体。所以你一定要善于去发现、去捕捉她的美。许多女人都会对自己的缺憾有所了解，但她们也十分了解自己的动人之处，只要你能慧眼独具，赞美得体，你一定会博得她的赏识与青睐。

当今社会注重个性，夸赞一个女人有个性已成为一种时尚。固执的性格可当此人有个性来称赞，孤傲的性格也可以用有个性来称赞，像男人一样不拘小节，有些泼辣的女性也能用有个性来称赞。只要是稍稍区别于大众的性格，你用"个性"二字来赞她，无论是哪种女性，她都会觉得你这个人很有品位。

最后，谈一谈女人的能力。现代社会，在各种事业中女人都表现出了她非凡的能力。她们不仅能把自己分内的事完成得十分漂亮，还会凭她们细心的洞察力去发掘工作中出现的问题，把各部门的事情都安排得十分妥当，在某些方面工作能力大大地超越了男性。而女人在取得很大的成就时，她是需要被这个社会所肯定的。她们希望这个社会能认同自己，肯定自己的能力，也希望在男人眼中她们不再是处处依附于男人的人，而是能够独当一面，把事情处理得完美无瑕、有能力的人。于是，她们就需要男人的赞美，希望自己所做到的能够得到男人的认同与赏识。如果，你是她的老板、上司，或是同事，你可千万别忽视她的业绩，常常激励她、赞美她，以激发她更大的工作积极性吧！

除此之外，生活中女人们的能力也值得你一赞。日常家务，如烧饭做菜、收拾房间、照顾孩子，这些虽是一些细小的事情，但却能表现出女人的动手能力、审美能力、教育能力。只要你在日常生活中也不忘记赞美一下女性，你定会得到女性们一致的好评。

人们都说女人是用耳朵来生活的，赞美是女人生命中的阳光。然而，男人也一样，他们一样喜欢听到他人对自己的肯定和赞美，因为这会让他们有一种价值感，并由此充满自信。可以说，恰到好处的赞美是打在男人身上的一剂强心剂。你可以从以下几个方面对男人进行赞美：

1. 赞美他是成功的男人

由于传统社会对男性角色的定位——养家立业者，使得男人非常在乎自己在别人心目中的形象，任何人对他的工作做出的评价都会让他反应敏感。因此，无论男人从事的是怎样的工作，他都希望能得到别人的认同。

不过你得注意，不管一个男人有多成功、多得意，他内心深处最渴望的还是别人的理解和关怀。一般的理解和关怀都是无可厚非的，可一定要注意把握分寸。过犹不及，说得太夸张、太过分、太直白就会被人当成追逐名利、爱慕虚荣的女人，会成为男人心底讨厌的势利女人。因此，即使是赞美，也要掌握分寸。

2. 赞美他是一位绅士

所谓风度，是男人在言谈举止中透出的一种味道。不要以为男人真的是散漫随意、潇洒不羁，其实他们是很在乎别人对自己举止的评价的。曾经有一位女士说起她和男友分手的原因，只是因为她在一次朋友聚会上调侃了男友的局促，就大大伤害了对方的自尊心，扔了句："既然你认为我没风度，那么分开好了。"

事实也如此，行动比语言更有说服力，只有当女方对对方的举止言谈很满意、很欣赏时，女方才会爱上他。而在这方面赞美男人，也是拿他和别的男人比较，表现出你的欣赏。一位范先生说："有一次，我和女友乘出租车，下车后我替她打开车门，她说她以前遇到的男人从不知道什么是绅士风度。这句话极大地满足了我的自尊心，也让我觉得自己是个很受欢迎的男人。"

3.赞美他仪表堂堂

许多男性承认，他们在关注女人闭月羞花之貌的同时，也希望自己貌比潘安。但是同样因为社会角色定位，男人特别害怕女人把他们当作绣花枕头，因而他们对女人对他们外在形象的夸赞是特别敏感的，让女人兴奋的"你长得真漂亮""你穿得真好看"之类的话，会让男人觉得特别不舒服，按他的理解，这里透着一种嘲讽，好像说："你有些娘娘腔，你怎么像女人一样爱打扮。"

所以说，要真的想对男人表达你对他外形的欣赏，还需要审时度势。但你可以对他的某个部位做出较高的评价，例如，"你的鼻子好有个性"等。

给他最想要的赞美

在一个人所走过的人生道路中，有无数让他引以为豪的事情，这些都是一个人人生的闪光点。这些东西又会不经意地在他的言谈中流露出来，例如，"想当年，我在朝鲜战场上……"，"我年轻的时候……"，等等。对于这些引以为荣的事情，他不仅常常挂在嘴边，而且深深地渴望能够得到别人由衷的肯定与赞美。对于一位老师而言，引以为荣的往往是他教过的学生在社会上很有出息，你为了表达对他的赞美，不妨说："你的学生×××真不愧是你的得意门生啊！现在已经自己出书了。"对于一位一生都默默无闻的母亲，引以为荣的往往是她那几个有出息的孩子，你如果对她说："你有福气啊，两个儿子都那么有出息。"她一定会高兴不已。对于老年人来说，他们引以为荣的往往是他们年轻时的那些经历。

真诚地赞美一个人引以为荣的事情，可以更好地与之相处。乾隆皇帝喜欢在处理政事之时品茶、论诗，对茶道颇有见地，并引以为荣。

有一天，宰相张廷玉精疲力竭地回到家刚想休息，乾隆忽然来造访，张廷玉感到莫大的荣幸，称赞乾隆道："臣在先帝手下办了13年差，从没这个例，哪有皇上来看下臣的！真是折煞老臣了！"张廷玉深知乾隆好茶，命令把家里的陈年雪水挖出来煎茶给乾隆品尝。乾隆很高兴地招呼随从坐下，"今儿个我们都是客，不要拘君臣之礼。生而论道品茗，不亦乐乎？"水开时，乾隆亲自泡茶，还讲了一番茶经，张廷玉听后由衷地赞美道："我哪里晓得这些，只知道吃茶可以解渴提神。一样的水和茶，却从没闻过这样的香味。"另一位大臣李卫也乘机称赞道："皇上圣学渊源，真叫人瞠目结舌，吃一口茶竟然有这么多的学问！"乾隆听后心花怒放，谈兴大发，从"茶乃水中君子、酒乃水中小人"开始论起"宽猛之道"，真是妙语连珠、滔滔不绝，众臣洗耳恭听。乾隆的话刚结束，张廷玉赞道："下臣在上书房办差几十年，两次丁忧都是夺情，只要不病，与圣祖、先帝算是朝夕相伴。午夜扪心，凭天良说话，私心里常也有圣祖宽、世宗严，一朝天子一朝臣这个想头。我为臣子的，尽忠尽职而已。对陛下的旨意，尽力往好处办，以为这就是贤能宰相。今儿个皇上这番宏论，从孔孟仁恕之道发端，譬讲三朝政纲，虽然只是3个字'趋中庸'，却振聋发聩，令人心目大开。皇上圣学，真是到了登峰造极的地步。"其他人也都随声附和，乾隆大大满足了一把。张廷玉和李卫作为乾隆的臣子，都深知乾隆对自己的杂经和"宏论"引以为豪。而张李二人便投其所好，对其大加赞美，达到了取悦皇帝的目的。

没有人不会为真心诚意的赞赏所触动。耶鲁大学著名的教授威廉·莱昂·弗尔帕斯经历过这样一件事：有一年夏天又闷又热，他走进拥挤的列车餐车去吃午饭，在服务员递给他菜单的时候，他说："今天那些在炉子边烧菜的小伙子一定是够受的了。"那位服务员听了后吃惊地看着他说："上这儿来的人不是抱怨这里的食物，便是指责这里的服务，要不就是因为车厢里闷热大发牢骚。19年来，你是第一位对我们表示同情的人。"弗尔帕斯得出结论说："人们所想要的，是一点作为人所应享有的被关注。"而人们想要别人来关注的地方往往是自己所忍受的痛苦，就正如夏天里在火炉旁烧菜的煎熬。

一个人到了晚年，人生快要走到尽头了，当他回首往事的时候，更喜欢回味和谈论自己曾经历的那些大风大浪，希望得到晚辈的赞美和崇敬。

一位现在已经80多岁的老人，一生中最大的骄傲便是独自一个人将7个孩子养大成人，现在眼见一个个孩子都成家立业，他经常自豪地对孙子们说："你们的奶奶死得早，我就靠这两只手把你们的爸爸养大成人，真是不容易啊。"每当这时，如果他的孙子能乘机美言几句，老人就会异常高兴。

抓住他人最胜过别人的、最引以为豪的东西，并将其放在突出的位置进行赞美，往往能起到出乎意料的效果。在这一点上，有一个很经典的实例。一天，曾国藩用完晚饭后与几位幕僚闲谈，评论当今英雄。他说："彭玉麟、李鸿章都是人才，为我所不及。我可自许者，只是生平不好诿耳。"一个幕僚说："各有所长：彭公威猛，人不敢欺；李公精敏，人不能欺。"说到这里，他说不下去了。曾国藩又问："你们以为我怎样？"众人皆低头沉思。忽然一个管抄写的后生过来插话道："曾师是仁德，人不忍欺。"众人听了齐拍手。曾国藩十分得意地说："不敢当，不敢当。"后生告退而去。曾国藩问："此是何人？"幕僚告诉他："此人是扬州人。入过学，家贫，办事谨慎。"曾国藩听完后说："此人有大才，不可埋没。"不久，曾国藩升任两江总督，就派这位后生去扬州任盐运使。

他人最想要的赞美一定是真诚的，不是那种公式般的赞美，千篇一律，最让人反感。

"久仰大名，如雷贯耳，您的生意一定发财兴隆"，"小弟才疏学浅，一切请阁下多多指教"，这些缺乏感情的，完全是公式化的恭维语，若从谈话的艺术观点看来，非加以改正不可。而言之有物是说一切话所必具的条件，与其泛泛地说久仰大名、如雷贯耳，不如说"您上次主持的讨论会成绩之佳，真是出人意料"等话，直接提及对方的工作成绩。若恭维别人生意兴隆，不如赞美他推销产品的努力，或赞美他的推销能力；泛泛地请人指教是不行的，你应该择其所长，集中某点请他指教，如此他一定高兴得多。恭维赞美的话一定要切合实际，到别人家里，与其乱捧一场，不如赞美房子布置得别出心裁，或欣赏壁上的一幅好画，或惊叹一个盆栽的精巧。若要讨主人喜欢，你要注意投其所好，主人爱狗，你应该赞美他养的狗，主人养了许多金鱼，你应该谈那些鱼的美丽。赞美别人最近的工作成绩、最心爱的宠物、最费心血的设计，这比说上许多无谓的虚泛的客套话更佳。

有的时候并不是什么伟大举动才值得赞美，相反，一些微乎其微的小事更值得你给予肯定和称许。

如果某天早晨，你的丈夫偶然一次早起为你准备好了早餐，你不妨大大赞美他一番，那他今后起床做早餐的频率将会更高。如果你的小孩，有一天非常小心地在家做好了晚饭等你回家，当你回到家中，不要吃惊孩子脸上的污渍，也不要惋惜已经摔碎的碗碟，先要将孩子赞美一番，即使孩子所炒的菜让人难以下咽。因为你的赞美可以让孩子所做的下顿或者是下下顿饭变成美味。在公司，如果某位职员，记述你口述的信件，速度比你想象的要快，不妨表扬他一下，今后他工作就一定会更加努力。

如何赞美才能不被认为是拍马

如果今天一大早就有人夸你"衣着得体，非常漂亮，有精神"，那么你一天的学习、工作状态一定很好吧。看来小小的一句恭维话有时起了很大的作用，可以迅速拉近人与人之间的距离，得到别人的喜爱，也可以给他人信心、快乐。

然而生活中一些人偏偏学不会或不屑恰当地去赞美他人。下级赞美领导，被认为是"拍马屁"；男士赞美女士被认为"心怀不轨"，这些都是不必要的思想。谁都想要得到别人的肯定与赞同，为什么不试着去赞美一下别人呢？

要赞扬他人，不可过分夸张，更不能无中生有。对于青年客户，赞扬他年轻有为、勇于开拓；对于中年客户，赞扬他经验丰富、见多识广；对于知识分子，赞扬他知识渊博、刻苦钻研；对于商人，恭维他头脑灵活、发财有道……这些都是恰如其分的，如果赞美一中年妇女活泼可爱、单纯善良可能就会不伦不类，弄不好还会招致臭骂。赞美你的领导发家有方、日进斗金，恐怕你升迁的希望就渺茫了。

清朝的中堂李鸿章，位高权重，文武百官都想讨他欢心，以便使他多多提携自己，能升个一官半职，也好光宗耀祖。这一年，李鸿章的夫人要过50大寿，这自然是个送礼的大好时机，寿辰未到满朝文武早已开始行动了，生怕自己落在别人后面。

消息传到了合肥知县那里，知县也想送礼，因为李鸿章祖籍合肥，这可是结攀中堂大人的绝好时机。无奈小小的一个知县囊中羞涩，礼送少了等于没送；送多了吧，又送不起，这下可把知县愁坏了。思来想去拿不定主意，于是请师爷前来商量。

师爷看透了知县的心思，满有把握地说："这还不好办，交给我了。保准你一两银子也不花，而且送的礼品让李大人刮目相看。"

"是吗？快说送什么礼物。"知县大喜过望，笑成了一朵花。

"一副寿联即可。"

"寿联？这，能行吗？"

师爷看到知县还有疑虑，便安慰他："你尽管放心，此事包在我身上。包你从此飞黄腾达。这寿联由我来写，你亲自送去，请中堂大人过目，不能疏忽。"

知县满口答应。

于是第二天，知县带着师爷写好的对联上路了。他昼夜兼程赶到北京，等到祝寿这一日，知县报了姓名来到李鸿章面前，朝下一跪："卑职合肥知县，前来给夫人祝寿！"

李鸿章看都没看他一眼，随口命人给他沏茶看座，因为来他这里的都是朝廷重臣，区区一七品知县，李鸿章哪能看在眼里。

知县连忙取出寿联，双手奉上。

李鸿章顺手接过，打开上联：

"三月庚辰之前五十大寿。"

李鸿章心想：这叫什么句子？天下谁人不知我夫人是2月的生日，这"三月庚辰之前"岂不是废话。于是，李鸿章又打开了下联：

"两宫太后以下一品夫人。"

"两宫"指当时的慈安、慈禧，李鸿章见"两宫"字样，不敢怠慢，连忙跪了下来，命家人摆好香案，将此联挂在《麻姑上寿图》的两边。

这副对联深得李鸿章的赏识，自然对合肥知县另眼相看，称赞有加。

一副对联既抬高了李鸿章夫人的地位，同时又做到了不偏不倚，没有盲目哄抬。

要赞美他人，就要善于体察人心，了解对方的迫切需要，有的放矢。比如营业员与顾客在商品质量、价格等方面争执不下时，聪明的营业员这时会改换话题，称赞这位顾客真有眼光，这衣服款式是最新的，面料也好，特别畅销。再夸她能说会道，真会砍价，从没卖过这么低的价钱。顾客听了一定喜欢，不好意思再争下去，说不定很快就买下来了。看吧，人的心理就是这么奇怪。

要夸别人，应有一种"战无不胜"的信心。人都是有弱点的，再谦虚，再不近人情，再标榜不喜欢听甜言蜜语的人，其实都喜欢别人的恭维，只要恰如其分。

有个笑话，某君是拍马屁的专家，连阎王都知道他的大名。死后阎王见到他，拍案大怒："我最恨你这种马屁精。"马屁精忙叩头回道："虽然世人都爱被拍马，阎大王您公正廉明，谁敢拍您的马屁。"阎王听了，连说："对啊对啊，谅你也不敢拍我的马屁。"

原来每个人都是愿意听好听的，只要你赞美得有分寸，不流于谄媚，不伤人，定会博人欢心。

赞美人的话不能过多，多了对方会不自在，觉得你是虚情假意、逢场作戏，因此而不信任你。赞美过多也不利于交谈，在谈话中频频夸对方"好聪明""好有能力"，对方频频表示客气，往往使谈话无法顺利进行。

赞美对方本身不如赞美他的成绩。比如赞美对方容貌就不如赞美他的品位与能力。因为容貌是天生的，爹妈给的，无法改变的，而品位与能力是自己后天养成的，表明了自己的价值，是自身的成功。

赞美的话要有新意。不要总空洞无物地夸对方"好可爱""好聪明"，应当有自己的看法与见地。夸别人这件衣服好看，就不如夸她的上衣与裙子的搭配非常巧妙，非常合适，整体效果好。

陌生人刚见面时，可以先赞美他的名字有新意、有内涵，以此拉近距离，展开下面的对话。这种方法可以让人觉得你很友好，很重视他，愿意和他交谈。

留心对方的反应，当对方对你的赞美显得不自在或不耐烦时，就要适可而止了。

褒扬有度，点到为止

一个气球再漂亮、再鲜艳，吹得太小，不会好看；吹得太大，很容易爆。赞美就如吹气球，应点到为止，适度为佳。

因此，在赞美他人时一定要坚持适度的原则。夸奖或赞美一个人时，有时候稍微夸张一点更能充分地表达自己的赞美之情，别人也会乐意接受。但如果过分夸张，你的赞美就脱离了实际，让人觉得缺乏真诚。因为真诚的赞美往往是比较朴实的、发自内心的。只有讨好才是过分夸张和矫揉造作的。

据说有一个年轻人曾经给恩格斯写了一封热情洋溢的信，信中称赞恩格斯是一位无与伦比的革命导师、一位伟大的思想家，甚至称其为马克思的再现等，恩格斯并没有因为这封信而有丝毫的感动，反而生气地回信说："我不是什么导师、思想家，我的名字叫恩格斯。"恩格斯作为一位杰出的思想家，他不喜欢别人在赞美他时用近乎夸张的词汇，又因为他和马克思近几十年的友谊，他是非常尊敬马克思的，当然会忌讳别人称他为"马克思的再现"。

历史上有一位臭名昭著的冯希乐，他是一个热衷于夸张拍马的人，有一次，他去拜访长林县令，赞叹道："仁风所感，猛兽出境。昨日入县界，见虎狼相尾而去。"刚夸过不久，就有村民来报告："昨夜大虫连食三人！"长林县令很不高兴地责问冯希乐究竟是怎么回事，冯希乐面红耳赤地回答说："是必便道掠食。"冯希乐夸张得脱离了实际情况，无视野兽吃人的本性，信口雌黄，说野兽已被县太爷的仁义教化所感动，所以离县而去，结果是抡起巴掌，自己打自己的脸，这就是所说的轻言取辱。

要做到点到为止、褒扬有度是有技巧的。

1. 比较性赞美

在夸奖对方的同时，让他意识到自己的优点，使对方对你的赞美深信不疑。有一次，汉高祖刘邦与韩信谈论诸将才能高下。刘邦问道："你看我能指挥多少兵马？"韩信回答："陛下至多能指挥10万兵马。"刘邦又问："那你能指挥多少兵马呢？"韩信自豪地回答："臣多多益善耳。"刘邦笑道："既然你带兵的本领比我大，却为什么被我控制呢？"韩信很诚实地说："陛下不善于指挥兵，但善于驾驭将，这就是我被陛下控制的原因。"刘邦自己也曾说过，统一指挥百万军队，战无不胜，攻无不克，他不如韩信。这是他做了皇帝以后对自己的评价。韩信的赞美，首先肯定了刘邦控制大臣为自己效命的能力，但又指明了他在带兵作战方面与自己相比有不足之处，正与刘邦的自我评价相吻合。话说得很实在、很坦诚，刘邦不但不怒，反而很满意。此时，韩信与刘邦关系已很紧张，如果他违心地恭维刘邦，调兵遣将无所不能，恐怕刘邦不愿意听，甚至会怀疑他在吹捧、麻痹自己。

2. 根据对方的优缺点提出自己的希望

金无足赤，人无完人。有所保留的赞美应既要看对方的优点和长处，同时还要看到他的弱点和不足，讲究辩证法。常言道："瑕不掩瑜。"指出对方的缺点和不足，并提出一定的希望，不仅不会损害你赞美的力度，相反，会使你的赞美显得真诚、实在，易于为人接受。尤其是领导称赞下属时，要有一是一，有二是二，把握分寸，要有所保留。可以多用"比较级"，千万慎用"最高级"。领导可以在表扬时，把批评和希望提出来。

有效的赞美不应该绝对化。像"最好""第一""天下无双"

这类的帽子别乱戴。有个企业的广告词说："只有更好，没有最好。"就显示了企业的真诚承诺，而不是哗众取宠、华而不实，在消费者中建立很好的形象。实际上，一般人都对自己有个客观的认识和评价，如果你的赞美毫无遮拦，就会让人感觉你曲意奉承，难以接受。赞美时必须记住：一个人的成绩和优点毕竟是有限的。许多伟人看自己时，也都是有所保留的，更何况一般人呢？因此，赞美别人，应当一分为二，有成绩肯定成绩，有不足也要说明不足，控制好赞美的度。

过分的夸张对于被赞美者来说也是有百害而无一利的。高尔基曾经说过："过分地夸奖一个人，结果就会把人给毁了。"因为过分的夸奖，往往会使被赞美者不思进取，误以为自己已经完美无缺了，从而停止前进的脚步。众所周知的方仲永，小的时候因为天资聪慧，于是别人就称其为天才，其父则带他去四处走访宾客，结果等到他长大以后，才能泯然众人矣，跟别的人没有什么两样了。

赞扬最好辅之以鼓励，这样才能充分发挥赞美的积极作用。

赞别人没有赞过的美

"喜新厌旧"是人们普遍具有的心理。陈词滥调的赞美，也是很没劲的；新颖独特的赞美，则使人回味无穷。

1. 给人耳目一新

赞美是所有声音中最甜蜜的一种，赞美应该给人一种美的感受。新颖的语言，是有魅力的，有吸引力的。简单的赞扬也可能是振奋人心的，但是一种本来是不错的赞扬如果多次单调重复，也会显得平淡无味，甚至令人厌烦。一个女人就曾说过，她对别人反复说她长得很漂亮，已经感到很厌烦，但是当有人告诉她，像她这样气质不凡的女人应该去演电影，给世界留下一部电影拷贝的时候，她笑了。

有一个国外的电视连续剧，父亲走入厨房看女儿做饭，他对女儿说："如果没有你做的美妙饭菜，就像天上没有星星那么遗憾。"女儿露出了特别快乐的笑容。

新颖的赞语，给人清爽、舒心之感。毛阿敏在哈尔滨演出时，《当代大舞台》的节目主持人是如此将她介绍给观众的：

主持人：请问毛阿敏小姐，您是从哪里来的？

毛阿敏：哦，我从北京来。

主持人：您像一只美丽的蝴蝶给冰城哈尔滨带来了欢乐，请问这次能做几日停留呢？

毛阿敏：呵呵，5日。

主持人：我们冰城的朋友热烈欢迎您的到来，愿您与《当代大舞台》永不分手！

主持人巧借毛阿敏的成名歌曲《思念》来向她发问，亲切而诙谐，同时也激起了演唱者与观众的热情，创造了良好的舞台气氛。

如果主持人只有公式化的套词俗语，那么，不但观众会觉得乏味，毛阿敏也可能会腻味。妙语连珠的赞美，既能显示赞美者的才能，也能使被赞美者更快乐地接受。

2.不一样的角度

一些人在公共场合谈话时，不知怎样赞美别人，只能跟着别人说话，附和别人的赞美。

常言道："别人嚼过的肉不香。"唐朝末期的大军阀朱温手下就有一批鹦鹉学舌乐于拍马的人，一次，朱温与众宾客在大柳树下小憩，独自说了句："好大柳树！"

宾客为了讨好他，纷纷起来互相赞叹："好大柳树。"

朱温看了觉得好笑，又道："好大柳树，可做车头。"

实际上柳木是不能做车头的，但还是有五六个人互相赞叹："可做车头。"

朱温对这些鹦鹉学舌的人烦透了，厉声说："柳树岂可做车头！我见人说秦时指鹿为马，有甚难事！"于是把说"可做车头"的人抓起来杀了。

每个人都有优点和可爱之处。赞扬要有新意，当然要独具慧眼，善于发现一般人很少发现的"闪光点"和"兴趣点"，即使你一时还没有发现更新的东西，也可以在表达的角度上有所变化和创新。

对一位公司经理，你最好不要称赞他如何经营有方，因为这种话他听得多了，已经成了毫无新意的客套了；倘若你称赞他目光炯炯有神、潇洒大方，他反而会更加受用。

法国某将军屡战屡胜，有人称赞他："你真是个了不起的军事家。"他无动于衷，因为他认为打胜仗是理所当然的事。而当那人指着他的髭须说："将军，你的髭须真可与美髯公相媲美。"这次，将军欣然地笑了。

赞美的角度很重要，新颖的角度将起到事半功倍的效果。

著名节目主持人白岩松，采访一位知名学者，老学者正卧于病榻，对采访并不热心。白岩松提出的第一个问题却是，请他谈谈毛主席接见红卫兵时他鞋子被挤掉的事。这个出乎意料的问题使老学者十分激动，竟一口气谈了好几个小时，从而顺利地完成了采访计划。

白岩松找到了一个很好的角度，打开了老学者的话匣子。正如每把锁都会有相应的钥匙，每个人都有其独特之处，先要把握好"点"，把握好角度，才能沟通得轻松、顺畅。

3. 新鲜的表达方式

赞美他人，在表达方式上是可以推陈出新、另辟蹊径的。

富兰克林年轻时，在费城开了一家小小的印刷所。那时，他参加了宾夕法尼亚州议会的选举。在选举前夕，困难出现了。有个新议员发表了一篇很长的反对他的演说，在演说中，竟把富兰克林贬得一文不值。遇到这么一个出其不意的敌人，是多么令人恼火呀！该怎么办呢？富兰克林自己讲述道：

"对于这位新议员的反对，我当然很不高兴，可是，他是一位有学问又很幸运的绅士。他在议会里颇有影响。但我绝不对他表现出一种卑躬屈膝的阿谀奉承，以换取他的同情与好感。我只是在隔数日之后，采用了一个别的适当的方法。

"我听说他的藏书室有几部很名贵，又很少见的书。我就写了一封短信给他，说明我想看看这些书，希望他慨然答应借我数天。他立刻答应了。"

富兰克林用一种不露痕迹的赞美方式，赞美新议员，恰如润物细无声。

表达赞美的方式有很多，要针对不同人、不同场合、不同时间选择最为恰当的方式。选择赞美方式时，既要考虑表达方式的新意，又要考虑对方的感受及最后的效果，综合各方面去思考，将会找到最适宜的表达方式。

多在背后说他好

世上背后道人闲话的人不少，大家都很清楚，被说之人一旦知道便会火冒三丈，轻则与其绝交，重则找其当面算账。因此，人们都引此为戒，唯恐犯背后说他人闲话的毛病。但是，背后说人优点，却有佳效。

《红楼梦》中有这么一段描写：史湘云、薛宝钗劝贾宝玉做官为宦，贾宝玉大为反感，对着史湘云和袭人赞美林黛玉说："林姑娘从来没有说过这些混账话！要是她说这些混账话，我早和她生分了。"

凑巧这时黛玉正在窗外，无意中听见贾宝玉说自己的好话，"不觉又惊又喜，又悲又叹"。结果宝黛两人互诉肺腑，感情大增。

在林黛玉看来，宝玉在湘云、宝钗、自己3人中只赞美自己，而且不知道自己会听到，这种好话就不但是难得的，还是无意的。倘若宝玉当着黛玉的面说这番话，好猜疑、使小性子的林黛玉可能就会认为宝玉是在打趣她或想讨好她。

背后说别人的好话，比当面赞扬别人或说别人的好话，效果要好得多。不用担心，我们在背后说他人的好话，很容易就会传到对方耳朵里去的。

赞美一个人，当面说和背后说所起的效果是很不一样的。如果我们当面说人家的好话，对方会以为我们是在奉承他、讨好他。当我们的好话是在背后说时，别人会认为我们是真诚、真心说他的好话，人家才会领情，并感激我们。

假如我们当着上司和同事的面说上司的好话，同事们会说我们是在讨好上司，从而容易招致周围同事的轻蔑。

另外，这种正面的歌功颂德所产生的效果是很小的，甚至还有可能起到反作用。同时，上司脸上可能也挂不住，会说我们不真诚。与其如此，还不如在背后赞扬。而我们说的这些好话，最终有一天会传到上司耳中的。

有一位员工与同事们闲谈时，随意说了上司几句好话："梁经理这人真不错，处事比较公正，对我的帮助很大，能够为这样的人做事，真是一种幸运。"这几句话很快就传到了梁经理的耳朵里，梁经理心里不由得有些欣慰和感激。而那位员工的形象，也在梁经理心里上升了。就连那些"传播者"在传达时，也忍不住对那位员工夸赞一番："这个人心胸开阔、人格高尚，难得！"

在日常生活中，背着他人赞美往往比当面赞美更让人觉得可信。因为你对着一个不相干的人赞美他人，一传十、十传百，你的赞美迟早会传到被赞美者的耳朵里。这样，你赞美的目的也就达到了。

在日常生活中，如果我们想赞扬一个人，不便当面说出或没有机会向他说出时，可以在他的朋友或同事面前，适时地赞扬一番。

当你面对媒体时，适当地赞美你的同行，是一种风度，也是一种艺术。

足球教练陈亦明为人爽朗、心直口快，极善处理与球员、官员、球迷以及媒体的关系。记者问陈亦明："张宏根和左树声都有执教甲A的资历，如何能成为你的助手？"陈亦明先以简明之言道出了"团结就是力量"这个道理，再道出："国内名气比我们大的人不少。一个人斗不过，3个人组合就强大多了。张导是我的老师，左导是我的师兄弟，我们的组合可谓是强强联手、

'梦幻组合'。"令人不由得想到了当年那集 NBA 所有高手的美国国家篮球队——梦之队的八面威风。其语既自我褒扬，又夸张、左二人，敷己"粉"而不显白，赞他人又不显媚，显示出一种极高的语言艺术。

张艺谋做人很随和，做导演却极富个性。对另一位名导演陈凯歌，他的评价如下："凯歌是个很出色的导演，我跟凯歌的特点在于：我们都保持自己的个性。这个个性你可以不喜欢、不欣赏，但凯歌从不妥协，他保持他的个性。而中国这样的导演很少。"

多在第三者面前去赞美一个人，是你与那个人关系融洽的最有效的方法。假如有一位陌生人对你说："某某朋友经常对我说，你是位很了不起的人！"相信你感动的心情会油然而生。那么，我们要想让对方感到愉悦，就更应该采取这种在背后说人好话、赞扬别人的策略。因为这种赞美比一个魁梧的男人当面对你说"先生，我是你的崇拜者"更让人舒坦，更容易让人相信它的真实性。

用谦卑的心去赞美

谦卑之心将使你更容易发现别人可赞美之处。谦卑是一种难得的美德，用谦卑之心赞美人，是真诚而有意义的。

1. 虚心请教

有时，一个人的爱好已变为众所周知的长项时，你的赞美对对方而言没什么感觉，如一阵风吹过耳畔，脑中划不下半点痕迹。这时，只要你虚心讨教一番，他定会耐心地向你传授其中的"诀窍"。

于飞到一位擅长书法的老师家去拜访，自然话题就放在书法上。于飞谦虚地说："林老师，这些年我虽然努力练字，书法水平却提高很小，恐怕主要是不得要领，请您稍稍泄露点'秘诀'如何？"林老师很兴奋，滔滔不绝地讲起他的书法"经"来："我最大的体会就是练字'无剑胜有剑'，就跟令狐冲练剑一样，不一定非整天坐在那里练字不可……"于飞很高兴地说："现在得您'真经'，以后用心练去，定会大有长进。"林老师很高兴，临别时还送了于飞几幅字让他临摹。

这就是"无赞胜有赞""无声胜有声"的道理。

2. 欣赏其优势

有时，你面对的人群有优越心理，很难与你交流，谦卑的赞美将是最好的敲门砖。

这是李运生自述的一段经历：

"芸芸众生，人员素质各不相同，而一旦我们切准听者的脉搏说话，就会使其像小禾吮甘露一样，顿感滋润和妥帖。一次，我为某大医院教歌时，开始，人们对我这个'当兵的'并不'感冒'，以致工会干部介绍我时，人们似乎根本没意识到我的存在，仍然叽叽喳喳聊个不停，面对这种情景，我拿出喊番号练就的嗓门先说了一句话：'同志们，请大家给我这副陌生的面孔一个礼节性的回报，静一下。'这一软中带硬的祈使句，使场上立刻静了下来。我接着说：'今天我站在这里，心里很紧张，因为我们这所医院集中了全省医学界学力和水平最高的专家和学者，你们在各自的岗位上从事的是拯救生命、延续生命的工作，最讲究争分夺秒，所以，我没有权利用我多余的话来浪费大家生命中的每一分钟，我的义务是把我支配的这块时间都用于教歌，我希望我们的合作不会留下任何遗憾和不愉快。'一席话说到了大家的心里，人们静静地回到各自的座位上，认真学唱歌曲，再也没有因为维持秩序而耽误时间。"

李运生针对对方基本素质的状况说话，慷慨而准确地赞赏其优势："学力和水平最高的专家和学者"，并强调其工作的重要性、崇高性，很容易令人接受。

谦卑之心，并没有弱化你的形象，反而使你更为真实可爱。承认别人的优势，尊重并欣赏别人的优势，会使你拥有更多的朋友、更多的快乐。

3. 肯定其强项

"尺有所短，寸有所长。"细心去观察，你将发现弱者也有其强项，充分肯定它，你将变得更有人缘。如果你能虚心地予以借鉴，将会收获多多。谦逊而诚挚地赞美他人，会使别人扬长避短，更好地发挥其优势；同时，一个谦逊的、懂得欣赏人的人会更富人格魅力。

迈克尔·乔丹不仅是驰誉世界的篮球明星，也是美国青少年崇拜的英雄人物之一。他在篮球场上的高超技艺举世公认，而他在待人处世方面的品格也很值得敬佩。其中有一个突出的特点，就是他很善于发现和赞扬别人的优点和长处。

为了使芝加哥公牛篮球队连续夺取冠军，乔丹意识到必须推倒"乔丹偶像"，以证明"公牛队"不等于"乔丹队"，1 个人绝对胜不了 5 个人。这个浅显的道理常被人们忽视。在训练中，乔丹执意要鼓动起队员们的自信心，变"乔丹队"为 5 个人的"公牛队"。

有一次，乔丹问队友皮彭："咱俩谁投 3 分球更好些？"

"你！"皮彭说。

"不，是你！"乔丹十分肯定。

乔丹投3分球的成功率为28.6%，而皮彭是26.4%。但乔丹对别人解释说："皮彭投3分球的动作规范、自然。在这方面他很有天赋，以后还会更好。而我投3分球还有许多弱点！"

乔丹还告诉皮彭，自己扣篮时多用右手，或习惯地用右手帮一下。而皮彭双手都行，用左手更好一些。这一细节连皮彭自己都没有注意到。

皮彭是公牛队最有希望超越乔丹的新秀。乔丹则把小他3岁的皮彭视为亲兄弟。他说："每回看他打得好，我就特别高兴，反之则很难受。"

1991年6月，美国职业篮球联赛的决战中，皮彭夺得33分，超过乔丹3分，成为公牛队在这个时期的17场比赛中得分首次超过乔丹的球员。这是皮彭的胜利，也是乔丹的胜利。

只要用心就会发现，其实每个人都有可爱、出色的地方，让我们以谦卑之心赞美他人吧。

推测性赞美，妙上加妙

借用推测法来赞美他人，虽然这种方式有一定的主观意愿性，未必是事实，但是能从善意的想象中推测出他人的美好东西，就能给人以美好的感受。

有个善良的小女孩，总觉得自己长得丑，总是含羞草似的低着头，就连圣诞节也不例外。就在圣诞节这天，她因为低着头走路而撞倒了一个老人，一个白发苍苍的盲人。

小女孩吓了一跳，赶紧说了声"对不起"，她的声音挺小，一听就充满了深深的自责。于是，盲人说了一句："没关系。"

女孩儿挺感动，赶紧扶起老人："老爷爷，是我把您碰倒的，我……我搀着您，送您回家，好吗？"女孩儿的声音挺甜，细细的，像一阵柔柔的风。

但盲人却摇了摇头："不，孩子。听声音你就特别善良。你一定长得很美……"那个"美"字说得挺明亮，使女孩听了怦然心动。

"可我……"小女孩一时不知说什么好。

"去吧，孩子。"老人觉察到小女孩还站在自己面前，真诚地对她又叮嘱了一句。

小女孩很感动，深深地点了点头。她已坚信对方能看到写在自己脸上的深深的歉意。

老人转过身，用拐杖敲着地面，走了。

小女孩的眼里流出了一行热泪。她感激那位老人，居然那么真切地夸她"美"！

她看着老人——就这么站着，站着，泪汪汪地看着老人离去的方向。过了好长时间，小女孩才从梦幻般的感觉回到现实中。

也就是打这天起，她走路时抬起了头，因为她已坚信，美像阳光，也同样簇拥着她！

瞧！这就是推测性赞美创造的奇迹！它使一个失望的小女孩找到了太阳，找到了自信！

推测性赞美有两种，一种是祝愿式的推测，另一种是预言式的推测。

祝愿式推测，主要强调一种美好的意愿，用一种友好的心情去推测对方，带有祝愿的特点。

1988 年 10 月，一位来自台湾的客人来到南京金陵饭店公关部售票台前。

"早上好！"公关经理很有礼貌地站起来招呼。

"我要 3 张后天去上海的 91 次软座票。"这人不耐烦地说。

见客人情绪不好，公关经理立即将订票单取出，帮客人登记。当写到车次时，公关经理习惯性地发问："先生，万一这趟车订不到，311、305 可以吗？它们的始发时间是……"

没等公关经理说完，客人连说："不行！不行！我就要 91 次。"

公关经理又强调了"万一……"这番好心反而把客人惹火了："什么万一、万一，你们是为客人服务的，就不能这么说。"

这时，公关经理立即意识到自己的说话方法不妥，差一点把客人赶跑了。她根据对方反馈的信息，立即调整话语，转换语气说："我们一定尽最大努力设法给您买到。"这时客人脸上才露出了笑容。

第二天客人来取票。根据头天打交道的情况，公关经理一改过去公事公办的办事态度，笑眯眯地说："先生，您的运气真好。车站售票处明天 91 次车票好紧张，只剩 3 张票，全给我拿来了，看来先生您要发财了。"

客人闻听此言，立即转身跑到宾馆小卖部，买了一大包糖回来请公关经理吃。

自那以后，客人每次见到公关经理都打招呼，点头微笑。临走时，他高兴地说："下次来南京，一定还住金陵。"

这个故事中公关经理就用了祝愿式推测。它具有浓厚的情感色彩，需要真实的情感，并给予最为贴切的赞美。公关经理从买票的幸运"推测"出"发财"一说，这里面没有必然性可言，并不具备多少合理性，但它是一句吉言，能使人听着顺心顺意。

预言式推测，带有一些必然性、预见性，可以针对工作、生活中可能取得的成绩进行预测。

小白的同事小金自幼爱好音乐，受过专门的音乐训练，颇擅长流行音乐，曾获过市级音乐大赛的三等奖。小金刚参加完地区音乐大赛回来，小白热情地夸她："这次'金榜题名'定是命中注定的。"小金很高兴地说她发挥得不错，不过，对手也较多……

小白的推测是有根据的，建立在小金平时的能力及以前的成绩上。当然，推测并不等于明确的结果，而是具有多种可能性，但前提是被赞美者本身有实力，有可能获得好结果。

预言式推测较适用于同事与同事之间，或父母对孩子的推测，总之，是对身边较熟悉的人所采用的方式。它起到一定的激励作用。

第十章

不伤人的说话艺术：批评技巧，包含鼓励

私底下指出他人的缺点

每一个人都有缺点，并且可能在公众场合表现出来，破坏气氛。面对这种情况该怎么办呢？是当场指出别人的缺点，还是先忍下，等到私底下再指出来？私底下指出应该是面对别人缺点采取行动的第一步。但有的人却常常要么容忍别人的缺点，要么就直接对外宣扬，让别人下不来台。这种做法是不可取的。

做人要有一颗宽容的心。"金无足赤，人无完人"，有位专家就说过，不要苛求别人，宽容才会让你不断完美起来。在别人的某些缺点比较严重时，我们应该以私下谈心的方式委婉地指出来。急风暴雨不如和风细雨，当场训斥不如私下谈心。只有我们拥有了一颗宽容的心，别人才能感受到我们的真诚，在我们指出他们缺点的时候，其才能心悦诚服地接受。

朋友之间，指出缺点总是要担负伤和气的风险的，但作为朋友应该承担这种风险。风险有大有小，关键是用的方法适当与否。从小处说，就是在私底下指出别人的缺点。人总是要面子的，指出缺点应该顾及对方的面子，说话尽可能婉转一些，尤其不要当众给朋友生硬"挑刺"。即使在私下场合指出缺点和错误，也应充分考虑让对方愉快接受的方式，最好先聊聊其他事情，以便在沟通感情、融洽气氛的基础上再婉转地指出问题。

指出缺点更多时候是发生在角色、地位并不平等的人之间，比如上司对下属、老师对学生。地位高的人可以公开指出地位低的人的缺点吗？当然也不应该，上司和老师照样应该维护下属和学生的面子。

当员工违背明确的规章制度时，当然应当众指出其过错，在让他认识到缺点错误的同时，也可对其他人起到警示作用。假若员工在工作上出现小小的失误，而且不是有意的行为，可在私下为其指出来，或以含蓄、暗示的方式使其意识到自己的缺点。这样既能维护他的面子，又能达到帮他改正缺点的目的。

作为老师，对学生的缺点也要有一些"春秋笔法"。

刘老师班上有个女生很优秀，有一段时间看到别人比自己成绩好，心里就不平衡。刘老师就通过网上聊天工具和她聊天，引导她克服心理障碍。这个女生很感激，顺利地调整了自己的情绪。对其他有缺点的学生，刘老师也尽量采取类似方法。刘老师照顾学生们的面子，学生们也尽力改正自己的缺点。

有一次，刘老师经过教室，听到一位同学用粗话骂老师，他装作没听见，事后私下把那位同学请到办公室，告诉他老师已经听到他说的那句话了，但不想当着全班人来批评他，是为了尊重他。于是学生很诚恳地承认了自己的错误并向老师道歉，后来也变得很有礼貌了。试想，如果刘老师当时走进教室狠批他一顿，不但自己下不了台，还有可能换来学生更难听的粗话。

一位教育专家这样评价刘老师：刘老师这样做是讲策略的，育人工程最艰辛，关键要用心！

所以，尊重别人，在私底下指出其缺点，既是对别人的尊重，也会赢得别人对你的尊重。

人活一张脸，树活一张皮。一个人的自尊是最宝贵也是最脆弱的。很多谈话高手在批评别人时，都会选择委婉的方式，而不是不看场合，直言直语，大批一通。因为这样会令对方难堪，不但达不到批评教育的目的，日后对方也会对此心生忌讳。聪明人总是在发现对方的不足时，想办法找个机会私底下向他透露，而且批评也是较为含蓄的，甚至他会将批评隐藏在玩笑中，这样就能让对方很容易地接受建议了。

批评时别忘了夸一夸

未批先夸，实际上就是一种欲抑先扬的方式，即在批评别人时，先将对方的长处称赞一番，然后再提出批评，最后再使用一些鼓励性的词语。这种方法使人认为你的批评是公正客观的，自己既有过失，也有成绩。这样就减少了因批评所带来的抵触情绪，能收到良好的批评效果。

老板发现秘书写的总结有不妥之处。他是这样批评秘书的："小张，这份总结总的来说写得不错，思路清晰，重点突出，有几处写得很有见地，看来你下了功夫。只是有几个地方提法不妥，有些言过其实，有的地方尚缺定量分析，麻烦你再修改一下。你的文笔不错，过去几次写总结也是越修改越好，相信你这次也一定能改出一个好总结来。"

这样说，秘书会感到老板对自己很公正、很器重，充满期望和信任，因而就会很努力地把总结改好了。

当某人听到别人对他的某些长处表示赞赏之后，再听到对他的批评，心里往往会好受得多。

柯立芝任美国总统期间，一天对女秘书说："你今天穿的衣服很漂亮，你真是一位年轻迷人的小姐。"

女秘书受宠若惊，因为这可能是沉默寡言的柯立芝对她的最大夸奖了。但柯立芝话锋一转，又说："另外，我还想告诉你，以后抄写时标点符号要注意一下。"

像柯立芝这样在批评之前先表扬对方，以表扬来营造批评的氛围，它能让对方在愉悦的赞扬中同样愉悦地接受批评。因为人在听到别人对自己的某些长处的表扬之后，再听到他的批评，心里往往会好接受得多。

但是，我们往往在使用这一招的时候会错误地加上两个字。

有许多人在真诚的赞美之后，喜欢拐弯抹角地加上"但是"两个字，然后开始一连串的批评。举例来说，有人想改变孩子漫不经心的学习态度，很可能会这样说："小虎，你这次成绩进步了，我们很高兴。但是，你如果能多加强一下代数那就更好了。"

在这个例子里，原本受到鼓舞的小虎，在听到"但是"两个字后，很可能会怀疑原来的赞美之词。对他来说，赞美通常是批评的前奏。如此不但赞美的真实性大打折扣，对小虎的学习态度也不会有什么帮助。

如果我们改变一两个字，情况就会大为改观。我们可以这么说："小虎，你这次成绩进步了，我们很高兴。而且，如果你在数学方面继续努力下去的话，下次一定会跟其他科目一样好。"

这样，小虎一定会欣然接受这番赞美了，因为后面没有直接明显的批评。由于我们也间接提醒了应该改进的注意事项，他便懂得该如何改进以达到我们的期望。

另外不得不提的是，有的人认为先讲赞扬的话，再批评，带有操纵人的意味，用意过于明显，所以不喜欢用。这种说法也有一定道理，因为当你找到某人就表扬他，他根本听不进你的表扬，他只是想知道，另一棒会在什么时候打下来——表扬之后有什么坏消息降临。所以在更多的时候，许多人把表扬放在批评之后，当用表扬结束批评时，人们考虑的是自己的行为，而不是你的态度。

先在个别问题上给对方以严厉的批评，然后又在主流问题上给对方以充分的赞扬。这种方法同样能使被批评者感动，收到与先褒后贬一样好的效果。

批评他人要就事论事

评价或批评，只能针对一个人的某些行为、行动和表现，而不能针对这个人，也就是平常所说的对事不对人。

大多数情况下，沟通的目的是达到一定的目标，譬如澄清一个误会、陈述一个事实、发布一个指令等。

任何人都有获得别人尊重的需要，批评、责怪一个人本身与批评、责怪一个人做出的行为与事件有很大的区别，给人留下的印象也极不同。例如，一个学生解一道化学方面的题目，由于不小心，将分子式写错了，如果老师批评他："你怎么这么笨，这么小的问题也会出错！"被批评者心里肯定极不舒服。如果老师只针对他写错了分子式这一行为来批评，末了提醒他以后多加小心，被批评者一般会心服口服。联想集团杨元庆就是"对事不对人"，他批评最多、最狠的人都是公司中进步最快的人。他最生气的是"应该想到实际上没想到"，痛恨"以工作之便捞取好处"。但若工作尽心尽力了，仍没有做好，他却会原谅此人。

领导的批评应当针对下属的行为，而不应针对下属本人。对下属进行人身攻击容易产生上下对峙的局面，导致下属心理上的敌对，产生副作用。例如，领导在大会上对几个老迟到的人进行批评，可以有两种说法。一种是针对人而言："我们单位有几个出了名的老迟到，这几个人脸皮特别厚，公司已经三令五申开会不能迟到，可他们偏偏迟到，这种人头脑中毫无组织纪律观念，自由散漫，吊儿郎当，他们的行为危害整个集体……"另一种是对事而言："最近开会经常出现迟到现象，虽说人数不多，但迟到往往浪费大家的时间，你等我，我等你，大好时光都被等掉了。迟到也往往影响会场纪律，影响其他同志的情绪，希望同志们能重视这个问题，杜绝迟到现象。"两种批评语相比，显然第二种优于第一种，前者用词尖刻，使当事者难以接受；后者语气比较委婉，既批评了不良现象，又团结了人。

批评要善意，要尊重、理解、信任被批评者，对事不对人，以理服人。对事，也仅仅是对其缺点、错误，而不能抓住一点，不计其他，以致否定一个人的全部。而且还要进一步分析其动机与效果，如动机良好，效果不佳，就要先肯定其良好的愿望，再批评不当之处，然后教给正确的方法。切忌在情况尚未调查清楚之前就发脾气、乱指责，更不能挖苦、讽刺、嘲弄，不能揭老底、算总账、搞人身攻击。因为那只会造成或加剧对立情绪，使对方顶牛、抬杠，或口服心不服，讲形式走过场地来个假检讨，但思想并未触动，事后依然故我。这种批评看起来火药味挺浓，其实际效果则微乎其微。

在批评他人之前，先要明确是就哪件事或事情的哪个方面进行批评，越具体、明确越好。抽象笼统，"一竿子打死一船人"，别人就难以弄懂你的意思，也达不到批评的效果。

意味深长的暗示是最好的批评

在日常生活中，我们常常会用到批评这种手段，但有些人批评起人来简直让人无地自容，下不了台。其实，这种批评方式不但无法达到让他人改正错误的目的，而且有碍于你的人际关系，严重时甚至会毁掉一个人。既然如此，为何还要使用这种"残酷"的手段呢？在生活和工作中，我们不可能没有批评，但要学会巧妙地批评，让他人既意识到自己的错误，同时也理解你善意批评的意图，使他内心里对你心存感激。批评最好的方式就是进行暗示。

间接指出别人的错误，要比直接说出口来得温和，且不会引起别人的强烈反感。那些对直接的批评会非常愤怒的人，间接地让他们去面对自己的错误，会有非常神奇的效果。

宋朝知益州的张咏，听说寇准当上了宰相，便对其部下说："寇公奇才，惜学术不足尔。"这句话一语中的。张咏与寇准是多

141

年的至交，他很想找个机会劝老朋友多读些书。

　　恰巧时隔不久，寇准因事来到陕西，刚刚卸任的张咏也从成都来到这里。老友相会，格外高兴。临分手时，寇准问张咏："何以教准？"张咏对此早有所考虑，正想趁机劝寇公多读书。可是又一琢磨，寇准已是堂堂宰相，居一人之下，万人之上，怎么好直截了当地说他没学问呢？张咏略微沉吟了一下，慢条斯理地说了一句："《霍光传》不可不读。"回到相府，寇准赶紧找出《汉书·霍光传》，从头仔细阅读，当他读到"光不学无术，阇于大理"时，恍然大悟，自言自语道："此张公谓我矣！"是啊，当年霍光任过大司马、大将军，地位相当于宋朝的宰相，他辅佐汉朝立有大功，但是居功自傲，不好学习，不明事理，这与寇准有某些相似之处。因而寇准读了《霍光传》，很快明白了张咏的用意。

　　张咏与寇准是至交，但如今寇准位居宰相，直接批评效果不一定好，而且传出去还会影响寇准的形象；批评太轻了，又不易引起其思想上的变动。在这种情况下，张咏的一句赠言"《霍光传》不可不读"，可以说是绝妙的。别看这仅仅是一句话，其实它能胜过千言万语。"不学无术"，这是常人难以接受的批评，更何况是当朝宰相，而张咏通过教读《霍光传》这个委婉的方式，就使寇准愉快地接受了自己的建议。正所谓："借它书上言，传我心中事。"

　　有一次，几个属鼠的男同学在期中考试中考了满分，挺得意，有点飘飘然。他们的班主任发现了，就对他们说："怎么，得意了？你们知道得意意味着什么吗？请注意今天下午的班会。"那几个男学生猜想：糟了！在下午的班会上，等待他们的准是狂风暴雨！可奇怪的是，在班会上，班主任的批评却妙趣横生，他说："树林子要是大了，就什么鸟儿都有，自然，天下大了，就什么老鼠都有。我就听说过这么一个故事。有只小老鼠外出旅游，恰好两个孩子在下兽棋，小老鼠就悄悄地看。它发现了一个秘密，那就是，尽管兽棋中的老鼠可以被猫吃掉，被狼吃掉，被虎吃掉，却可以战胜大象。于是立刻认定，自己才是真正的百兽之王。这么一想，小老鼠就得意起来了，从此瞧不起猫，看不起狗，甚至拿狼寻开心。有一天，它大摇大摆地爬到老虎的背上，恰好老虎正在打瞌睡，懒得动，就抖了抖身子。小老鼠于是更加得意，它还趁着黑夜钻进了大象的鼻子。大象觉得鼻子痒痒，就打了个喷嚏，小老鼠立刻像出膛炮弹似的飞了出去。就这么飞呀飞呀飞，好半天好半天，才'扑通'一声掉在臭水坑里！好，现在就请大家注意一下，'臭'字的写法，怎么写的呢？'自''大'再加一点就是'臭'。有趣的是，今年正好是鼠年，咱们班有不少属鼠的同学，那么，这些'小老鼠'们会不会也掉到臭水坑里呢？我想不会，但必须有一个条件，那就是永不骄傲！"说到这儿，这位班主任还特意看了看那几个男同学，那几个男同学当然明白，老师的批评全包含在那个有趣的故事中了！他们挺感激老师，很快改正了自己的缺点。

给个意外的"赞许"

　　D 先生掌握卓越的管理艺术，早已闻名金融界，以下是他任职总经理时发生的事。

　　有两位部下到酒廊喝酒，直到打烊时间还赖着不走，酒廊老板只得请警察来处理。结果双方发生冲突，其中一位柔道两段的部下，把警察打得头破血流。第二天，其他同事到警察局来看他们，看到他们两人很自责，后悔做事太冲动。同事向D先生报告实情后，D先生立刻开口说："原来我们公司也会出英雄，值得称赞！"

而那两位部下听到D先生的话，更加自我反省，以后的工作态度也完全改变了。表面看来，这是十分荒谬的批评方法，但站在心理学的观点上，实在是十分巧妙。

任何人做事失败时，或多或少都会反省。这时领导如果大加批评，部下的士气不免会低落，也不会反省，心想："我在公司已经没有前途了……"反抗心将会更明显。

再看看D先生的部下，本以为会挨一顿臭骂，不料却获得意外的称许，而这称许仿佛一盏明灯，照亮了部下的心，让他们勉励自己不再犯错。

如此看来，能确实掌握对方的反省方向，才能加强对方的反省念头。某教练接受杂志采访时，发表了以下这番发人深省的谈话。他说："每位选手都希望在球场上努力表现，而要求自己不失误。如果哪位选手虽已尽力却仍犯错，然而他能自我反省，我就不会再施加压力，对他加以批评。"在这个时候采取一种正话反说的形式对他"赞扬"一番，可以缓和紧张气氛，促其反思。

秦朝有个很有名的幽默人物优旃。有一次，秦始皇要大肆扩建御园，多养珍禽异兽，以供自己围猎享乐。这是一件劳民伤财的事，但大臣们谁也不敢冒死阻止秦始皇。这时优旃挺身而出，他对秦始皇说："好，这个主意很好，多养珍禽异兽，敌人就不敢来了，即使敌人从东方来了，下令麋鹿用角把他们顶回去就足够了。"秦始皇听了不禁破颜而笑，并破例收回了成命。

优旃利用"赞扬"达到了批评的目的，同时也保全了自身性命。表面上是赞同皇上的主意，言外之意则说如果长此以往，国力必将空虚，敌人就会趁机进攻。

反语是指所说的道理或所举的事例全是和真理明显相违背的。这种手法贵在故意送明显的悖谬给对方，使对方在明显的悖谬中领悟到自己做错了，因此而改变主意。

反语批评在特殊的场合或特殊的人物面前若运用得好，常常能收到意想不到的效果。这种手法无论对什么样性格的人都适用，就连残暴的秦始皇，也被优旃的反语批评说服了。

无独有偶，古代君王都好玩乐，而他们身边总是有些懂得以"赞"促"改"的贤臣才子对其加以劝谏。

齐景公爱喝酒，连喝七天七夜不停止。

大臣弦章上谏说："君王已经连喝七天七夜了，请您以国事为重，赶快戒酒，否则就请先赐我死。"

晏子后来觐见齐景公，齐景公便向他诉苦说："弦章劝我戒酒，要不然就赐死他；我如果听他的话，以后恐怕就尝不到喝酒的乐趣了；不听的话，他又不想活了，这可怎么办才好？"

晏子听了便说："弦章遇到您这样宽厚的国君，真是幸运啊！如果遇到夏桀、殷纣王，不是早就没命了吗？"

于是齐景公果真戒酒了。

吃喝玩乐似乎乃君王的天性，倘若直言劝谏，告诉他那是大错特错的，恐怕他是很难听进去的，反而会大发雷霆。换一个角度说话，往往能起到更好的效果。

对于一些有自知之明的人来说，根本用不着太严厉的批评，采用这种正话反说的批评方式最好不过了。

先批评自己

在批评他人之前先谈一谈自己从前做过的类似错事，一方面可以为对方提供活生生的例证，让他从这例证中认识到犯错的严重后果；另一方面也可以带给对方一定程度的认同感，拉近彼此的心理距离，营造出坦诚相见的良好氛围，从而使对方更容易接受。

有个叫约瑟芬的食品店店员，在一次运货时因马虎而使食品店损失了两箱果酱。为此，老板对他进行了如下一番批评："约瑟芬，你犯了个错。但上帝知道，我犯的许多错误比你还糟。你不可能天生就万事精通，那只有在实际的经验中才能获得。而且，你在这方面比我强多了，我还曾做出那么多愚蠢的事，所以，我不愿批评任何人，但你难道不认为，如果你换一种做法的话，事情会更好一点吗？"约瑟芬愉快地接受了老板的批评，从此做事认真多了。

作为长辈或上级，把自己曾经的过错暴露在晚辈或下属面前，目的不在于做自我检讨，而在于以自己的感悟来教育对方。这种借己说人的方法，让我们看到了融自我批评于批评中的魅力与力量。

1964 年，日本轻型电器业界因受经济不景气的影响而动荡不安，于是松下电器决定召开全国销售会议。

由于会议中反映出不景气的状况，所以空气中充满了火药味。在 170 家公司中，只有二十几家经营良好，其他有 150 多家的经营都出现极严重的亏损赤字。

"有什么意见都可以说出来。"松下一语未了，某销售经理立即冲破水闸般地发泄他的不满："今天的赤字到这种地步，主要在于松下电器的指导方针太差，作为公司的负责人一点都不检讨自己是否有不足之处……"

"我方的指导当然有误，可是再怎么困难也还有二十几家同仁获利。各位不觉得你们太缺乏独立自主的精神，太依赖他人，才招致今天的后果吗？"松下反驳道。

"还谈什么精神，我们今天来的目的不是听你说教，是钱！"也有人这么露骨地反唇相问。

3天13个小时，松下就站在台上不断地反驳他们的意见，而他们也立即反击，大骂松下公司。就在会议即将结束，决裂的局面即将出现时，情况发生了转折性的变化。

第三天最后一次会见，松下走到台上，"过去两天多时间大家相互指责，该说的都说了，我想没有什么好再说的了。不过，我有些感想，给大家讲讲。过去的一切，走到今天这个地步，所有责任我们要共同担。松下电器有错，身为最高负责人的我在此衷心向大家致歉。今后将会精心研究，让大家能稳定经营，同时考虑大家的意见，不断改进。最后，请原谅松下电器的不足之处"。说完，松下向大家鞠躬。

突然间，整个会场出现了不可思议的现象——整个会场顿时静了下来，每个人都低着头，半数以上的人还拿出手帕擦泪。

"请董事长严加指导。我们的缺点太多了，应该反省，也应该多加油去干！"

随着松下的低头，人人胸中思潮翻涌。随后又相互勉励，发誓要奋起振作。

由此可见，自我批评比针锋相对的辩论、指责效果要好得多。

否定和批评下级，固然因为下级有了过失，但与此同时，处于指挥和监督岗位的上级，也有不能推卸的间接责任。周恩来同志说："缺点和错误的改正要从领导做起，首先领导要自我批评，要多负一些责任，问题总是同上面有关系的。"领导真心承担责任有三个好处：一是做了表率；二是找到了自己的问题；三是便于确定下级的问题。假如领导仿佛自己没事儿一样，盛气凌人，只把下级批评一顿，却不肯承担责任，好像自己一贯正确，这样至少在他人看来很不谦虚。于是，下级便有自己在领导心目中一无是处的委屈之感，虽表面未必反驳什么，但心中已耿耿于怀。因此，在批评下级时，领导最好首先自责，进而再点出下级的错误，使其有领导与他共同承担错误之感，由此产生负疚之情。这样，在以后的交谈中领导说多说少、说深说浅，下级不仅能承受得了，而且融洽了彼此之间的感情，不至于弄得不欢而散。

第十一章

轻松说服的说话艺术：应用策略，言之有理

说服从"心"出发

在公司内部，领导和员工因为所处地位的不同，个别上司在发派指令时不善于说服，而是颐指气使，即使员工执行了，也是敷衍了事、应付差事。说服的最佳效果是双方达成共识，而启发对方进行心理位置互换，让对方设身处地体验别人的心理，主动调整自己的态度和行为方式，则是达到这一目的的行之有效的方法之一，这种方法就是将心比心。

下面举两个例子来阐述一下。

下乡知识青年小红在农村和农民小刘结婚并有了个女儿。后来回到城里，重逢昔日的恋人，欲重修旧好，却遭到爸爸的反对。正当她举棋不定之际，农村的丈夫小刘又被人诬告入狱。小红进退维谷，不知何去何从。她向奶奶寻求帮助。

奶奶对她说:"你的事,奶奶全知道,如今你打算怎么办?"

"不知道,我……我说不出来……"

奶奶说:"奶奶知道你委屈。人,谁没有委屈呀。我24岁那年,你爷爷就牺牲了,本家本村的都劝我再找个主儿。你曾爷爷跟我说:'女儿,地头还长着呢,往前去一步吧。'我不愿给孩子找个后爹,硬是咬着牙挺过来了。儿子一个个长大了,参了军,又一个个地牺牲了。可我没在人前掉过一滴眼泪。人活着,就是为了别人,去受苦,去受难,天底下哪有那么多幸福?要说委屈,就先委屈一下自己吧!"

小红说:"可我以后的路该怎么走啊?"

奶奶说:"做人哪,前半夜想想自己,后半夜想想别人。你和那个小伙子倒是挺般配的,可就算你俩成了,日子过得挺舒心的,你就保准一早一晚地不想小刘他们父女?那时,你虽吃着蜜糖,但却忘不了人家在喝苦水。你甜在嘴上,苦在心里。甜的苦的一掺和,一辈子都是块心病。我今年80岁了,什么苦都尝遍了,可就是没做过一件亏心事。俗话说,'人'字好写,一撇一捺,真正做起来就难了!"奶奶说的话句句动人心。

"奶奶,我懂了。"小红擦了擦眼泪,说,"我今天就回家去带孩子,侍候公婆,等着小刘。"

奶奶的劝说语重心长,而且,她用通俗的语言,站在对方的立场上,设身处地为孙女分析情况,从而使孙女做出了正确的选择。

用语言做假设,可达到将心比心的目的;也可用实际的行为,现身说法,让对方体验别人的心理,进而对自己的言行进行调整,同样可达到将心比心的目的。

某商店有位营业员很会做生意，他的营业额比其他营业员都高，有人问他：“是不是因为能说会道，所以生意兴隆？”他回答说：“不是，我的秘密武器是当顾客是自己人。”

　　有一天，某位顾客站在柜台前东瞧瞧，西看看，还不时用手摸摸摆在柜台上的布料，却不肯买货。凭经验，营业员判断这位顾客是想买块面料，于是赶忙迎上前去说：“您是想买这块面料吗？这块面料很不错，但是您要看仔细，这块布料染色深浅不一，我要是您，就不买这一块，而买那一块。”

　　说着，营业员又从柜台里抽出一匹带隐条的布料，在灯光下展开，接着说：“您像是机关里的干部，年龄和我差不多，穿这种面料的衣服会更好些，美观大方。要论价钱，这种面料比您刚才看到的那种每米多3元多钱，做一套衣服才多7元多，您仔细看看，认真盘算一下，哪个合算？”

　　那个顾客见这位营业员如此热情，居然帮自己选布料，挑毛病，于是不再犹豫，买下了营业员推介的布料。

　　这位营业员之所以能成功地做成这笔生意，就是因为运用了将心比心的方法。站在买者的立场上替顾客精打细算，现身说法，使对方的戒备心理、防范心理大大降低，而且产生了一致的认同感，故而说服了对方，做成了生意。

　　将心比心是站在对方的角度谋划和考虑，理解对方的心理、对方的需求、对方的困难，因此这种说服方法容易使对方接受，并能达成统一的认识。

　　要说服对方赞同你的观点，你必须与说服对象站在一起，两者的关系越融洽，说服越容易取得成功，这是因为人类有一个共同的天性，即喜欢听“自己人”说的话。美国纽约市立大学的心理学家哈斯也说过："一个酿酒专家也许能给你许多理由来解释为什么某一种牌子的啤酒比另一种牌子的要好。但如果你的朋友，不管他对啤酒是否在行，叫你选购某种啤酒，你很可能听取他的意见。"

另一位心理学家莫恩在加利福尼亚州一个海滩上搞了一个传播训练公司，在培训过程中他发现，最佳商品推销员都能模仿顾客的声调、音量和言辞，表现顾客的姿态和情调，甚至还能下意识地在呼吸动作上与顾客相协调，好像是顾客的一面镜子，把顾客发出的每一个信号反射回去。

毋庸讳言，这种在具体行动上，甚至是些很微不足道的方面表现出来的在感情上与听众的亲近感与认同感，往往会使你得到巨大的感情回报和共鸣。而一旦建立了这种感情共鸣，就不需要任何苦口婆心的劝诫与说服。

以对方利益为出发点

相信你一定经历过在说服别人或想拜托别人做事情时，不管怎样劝说或恳求对方，对方总是不为所动。这时你首先要消除与对方心理上的隔阂，然后再说服诱导。在推销方面，推销员为了唤起顾客的注意，并达到购买的目的，往往是先诱导，后说服。

在英国工业革命方兴未艾时，以发明发电机而闻名的法拉第，为了能够得到政府的研究资助，去拜访首相史多芬。

法拉第带着一个发电机的雏形，非常热心并滔滔不绝地讲述这个划时代的发明，但史多芬的反应始终很冷淡，一副漠不关心的样子。

事实上，这也是无可奈何的事情，因为他只是一个政客，要他看着这种周围缠着线圈的磁石模型，心里想着这将会带给后世产业结构的大转变，实在是太困难了。但是法拉第在说了下面这段话后，却使原本漠不关心的首相，突然变得非常关心起来，他说道："首相，这个机械将来如果能普及的话，必定能增加税收。"

显而易见，首相听了法拉第所说的话后，态度突然有了巨大的转变。其原因就是因为这个发动机，将来一定会获得相当大的利润，而利润增加必能使政府得到一笔很大的税收，而首相关心的就在于此。

是的，通常我们行动的目的都是"为自己"，而非"为别人"。如果能够充分理解这一点，那么想要说服他人就有如探囊取物般容易了。只要了解对方真正追求的利益，进而满足他的欲望，便可达到目的。但是，将这条最基本要件抛于脑后的却也大有人在。他们没有满足对方最大的利益，一心一意只是想要满足自己的私欲。例如，以下这个故事：某酒厂的研发部成功研发了新水果酒，为尽快让产品打进市场，于是研发部经理决定说服厂长批准进而大量生产。

"厂长，又有新的产品研发出来了。这次的产品是前所未有的新发明，绝对能畅销。连我都喜欢的东西，绝对有市场性。我敢拍胸脯保证。"

"什么新产品？"

"就是这个，用梨汁酿制的白兰地。"

"什么？梨汁酿的白兰地？！那种东西谁会喝？况且喝白兰地的人本来就少，更甭说用梨汁酿的白兰地……就是我也不会去喝。不行！"

"请你再考虑一下，我认为很可行。用梨汁酿酒本来就不多见，再加上梨子有独特的果香，一定很适合现代人的口味。"

"嗯，我觉得还是不行。"

"我认为绝对会畅销……请您再重新考虑一下。"

"你怎么这样唠叨？不行就是不行。"

这样的劝说不仅充分显露不顾他人立场的私心，还打算强迫他人赞同自己的意见。

"好歹也要试试看才知道好坏，这是好不容易才研发出来的呀！"

"够了，滚吧！"

最后，厂长终于忍不住发火。

只考虑自己，把个人意见强加于别人，怎么可能赢得说服的机会呢？因此，无论如何，你都应该以对方利益为出发点进行劝说。

先抬高对方再说服

给人一个超乎事实的美名，就像用"灰姑娘"故事里的魔法棒，点在她身上，会使她从头至脚焕然一新。

从孩子的天性，我们可以发现一点：当我们称赞夸奖他们时，他们是何等高兴满足。其实，他们并不一定具有我们所称赞的优点，而只是我们期望他们做到这点而已。这就是一种典型的"戴高帽"做法。在我们与人交往时，何不效仿这一做法呢？因为不管是大人还是小孩子，都喜欢别人给自己一个美名，如果他们没有做到这一点，内心里也会朝此目标努力，因为他们知道这样就可以得到一个美名，获得他人的赞许。

假如一个好工人变得消极散漫、不负责任，你会怎么做？你可以解雇他，但这并不能解决任何问题。你可以责骂那个工人，但这只能引起怨恨。

亨利·汉克，是印第安纳州洛威市一家卡车经销商的服务经理，他公司有一个工人，工作每况愈下。但亨利·汉克没有对他吼叫或威胁他，而是把他叫到办公室，跟他进行了坦诚的交谈。

他说："希尔，你是个很棒的技工。你在这里工作也有好几年了，你修的车子也很令顾客满意。有很多人都称赞你的技术好。可是最近，你完成一件工作所需的时间却变长了，而且你的质量也比不上你以前的水平。也许我们可以一起来想个办法解决这个问题。"

希尔回答说他并不知道他没有尽到职责，并且向他的上司保证，他以后一定改进。

他做到了吗？他肯定做到了。他曾经是一个优秀的技工，他怎么会做些不及过去的事呢？

包汀火车厂的董事长撒慕尔·华克莱说："假如你尊重一个人，这个人是容易被诱导的，尤其是当你显示你尊重他是因为他有某种能力时。"

总之，你若要在某方面改变一个人，就把他看成他已经有了这种杰出的特质。莎士比亚曾说："假如他没有一种德行，就假装他有吧！"给他们一个好的名声来作为努力的方向，他们就会痛改前非，努力向上，而不愿看到你的希望破灭。

对于那些地位显赫、有权有势的人，想要说服他们，更要学会先抬高后说服的策略。

古代，有位宰相请理发师给他修面。那理发师修面修到一半时，忽然停下刮刀，两眼直愣愣地看着宰相的肚皮。

宰相见理发师傻乎乎发愣的样子，心里很纳闷：这平平板板的肚皮有什么好看呢？就问道：

"你不修面，却看我肚皮，这是为什么呢？"

"人们都说，宰相肚里能撑船，我看大人您的肚皮并不大，怎么可以撑船呢？"

宰相一听，哈哈大笑。

"那是讲宰相的度量十分大，能容天容地容古今，对鸡毛蒜皮的小事从不斤斤计较。"

理发师一听这话，"扑通"一声跪倒在地，哭着说："小人该死，方才修面时不小心，将大人您的眉毛刮掉了，万望大人大德大量，宽恕小的！"

宰相听说自己的眉毛被刮了，不禁怒从心起，正想发作，转念一想：刚才自己还讲宰相的度量很大，又怎好为这小事给他治罪呢？于是，只好说："不妨，用眉笔把眉添上就行了。"

聪明的理发师以曲折迂回之法，层层诱导宰相进入自己早已设定的能进难退的"布袋"中，幸免了一场灾难。

步步紧逼，巧舌游说

事实上，正如越是嘈杂的机器，所获得的润滑油就越多。如果能有坚韧的耐心，不厌其烦地把许多问题和资料搅和在一起，让对方不仅为目前的问题苦恼万分，还要忍受不断的轰炸。等他疲劳之余，正想撒手放弃，而你却缠着不放，做地毯式的攻击，伺机向对方提出"最后通牒"。对方在不厌其烦的状况下，一般都会同意看来还算合理的条件，以彻底摆脱烦恼。说服最忌讳的就是遇到困难就退缩的态度，或没有耐心、速战速决的方法。有很多事情，不是一时半会儿就可以解决的，你要找出问题的症结，了解对方冒险的程度、考验对方的实力、找出对方的弱点、知道对方的要求，或者要改变对方的期望程度，等等，都需要时间来完成，甚至应该知道对方处在压力下会做出什么选择，这一切都是需要时间的。如果没有坚强的意志、毅力，是不会达到你理想的目标的。

欲速则不达，要成功说服一定要周密策划，沉着应付。对方施硬，你就来软；对方转软，你要变硬；应该讲法时，对他讲法；应该说理时，和他说理；应该论情时，与他论情；应该谈利害时，向他谈利害；用各种方法来轮番"轰炸"，始终坚持，绝不妥协。在说服过程中，耐心是最强而有力的武器，尤其是当对方已经感到厌烦或放弃与你争论的时候，只要你再做最后的坚持，不利的形势就会好转。

说服中的步步紧逼还表现在穷追不舍上。面对敏感的问题，有时说服对象表达出现了障碍，说服者无法获得满意的答复，然而，这一答复对于说服者又至关重要。在这种情况下，有经验的说服者会设计出一系列问题，或纵向追问，或横向追问，从而"挤"出一种明确的答案，搞清事实。

巴普办了一个剧场，却总无戏剧评论家前来光顾，他深知没人宣传就没有观众，于是大胆闯入《纽约时报》搬尊神了。巴普点名要见著名评论家艾金森，凑巧艾金森在伦敦访问，巴普干脆待在报社不走："我就等到艾金森先生回来！"艾金森的助手吉尔布无奈，只好询问其原因。巴普便大施说服之术，说他的演员如何优秀、观众如何热烈，最后摊牌："我的观众大多是从未看过真正舞台剧的移民，如果贵报不写剧评介绍，那我就没经费继续演下去了！"吉尔布见其态度坚决，不由得感动了，答应当晚就去看戏。谁知，露天剧场的演出到中场休息时，便遇上了滂沱大雨，巴普看到吉尔布跑去避雨，就赶过去说："我知道剧评家平常不会评论半场演出的，不过我恳求你无论如何破个例。"巴普一次次地游说，真诚也有，"无赖"也有，斯人斯言到底感动了上苍，几天后一篇戏的简评见报，巴普的剧场也日渐红火起来。

　　一个名不见经传的小小剧场主，其言何以搬动了《纽约时报》这尊大神？这正是步步紧逼、巧舌游说的结果。言语的力量，正是在那步步紧逼中练出来的。

讲道理时最好打个比方

　　譬喻，可谓论辩艺术之精华。譬喻是用具体的、浅显的、熟知的事物去说明或描写抽象的、深奥的、生疏的事物的一种手法。说理中，取喻明显，把精辟的论述与摹形状物的描绘糅合为一体，既能给人以哲理上的启迪，又能给人以艺术上的美感。

　　古希腊哲学家亚里士多德说过："比喻是天才的标志。"的确，善于譬喻，是驾驭语言能力强的表现。说理时运用贴切、巧妙的譬喻，可以生动地表情达意，增强说理的魅力。

　　公元前598年，南方霸主楚庄王兴兵讨伐杀死陈灵公的夏征舒。楚师风驰云卷，直逼陈都，不日即擒杀了夏征舒，随即将陈国纳入楚国版图，改为楚县。楚国的属国闻楚王灭陈而归，俱来朝贺，独有刚出使齐国归来的大夫申叔时对此不表态。楚王派人去批评他说："夏征舒杀其君，我讨其罪而戮之，难道伐陈错了吗？"申叔时要求见楚王当面陈述自己的意见。申叔时问楚王："您听说过'蹊田夺牛'的故事吗？有一个人牵着一头牛抄近路经过别人的田地，践踏了一些禾苗，田主十分气愤，就把这个人的牛给夺走了。这件事如果让大王来断，您怎么处理？"庄王说："牵牛践田，固然是不对，然而所伤禾稼并不多，因这点事夺人家的牛太过分了。若我来断，就批评那个牵牛的，然后把牛还给他。"申叔时接过楚王的话茬儿说："大王能明断此案，而对陈国的处理却欠推敲。夏征舒弑君固然有罪，但已立了新君，讨伐其罪就行了，今却取其国，这与夺牛的性质是一样的。"楚王顿时醒悟，于是恢复了陈国。

从对方得意的事说起

生活中其实每个人都有自认为得意的事情，事情的本身，究竟有多大价值，是另一个问题，而在其本人看来，却认为是一件值得终身纪念的事。你如果能预先打听清楚，在有意无意之间，很自然地讲到对方得意的事情，只要他对你没有厌恶的情绪，只要他目前没有其他不如意的事情，在情绪正常的情况下，他一定会高兴地听你说的，当然此时说服他就容易得多了。

在说服的时候要注意技巧，表示敬佩，但不要过分推崇，否则会引起对方的不安。对于这件事情的关键，要慎重提出，加以正反两方面的阐述，使他认为你是他的知己。到了这种境地，他自然会格外高兴，会亲自讲述，你应该一面听，一面说几句表示赞赏的话，如此一来，即使他是个冷漠的人，也会变得和蔼可亲，你再利用这个机会，稍稍暗示你的意思，进行试探，作为第二次进攻的基点。这不是失败，而是你说服他的初步成功，对于涉世经验不丰富的人，得此成绩，已不算坏，若想一举成功，除非对方与你素有交情，又正逢高兴的时候，而且你的谈吐又是很容易令人接受的，否则千万不要存此奢望。

对方得意的事情要从哪里去探听？那当然要另谋途径，试着在你的朋友之中找一下是否有与对方交往的人，如果有，向他打听当然是最容易的。如能留心报纸上的新闻或其他刊物，平日记牢关于对方的得意事情，到时便可以应用。此外，随时留心交际场合中的谈话，像这些时候谈到对方得意的事情，也是很平常的。但是必须注意，对方得意的事情，是否曾遭到某种打击而消灭，如有这种情形，千万别再提起，以免引起对方不快，反而对你不利。因为对方在高兴的时候，你的请求易于接受；在对方不高兴的时候，虽是极平常的请求，也会遭到拒绝。比如对方新近做成了一笔生意，你称赞他目光精准、头脑灵活，引得他眉飞色舞，乘机稍示来意，也是好机会。诸如此类的例子很多，全在于你随时留心，善于利用。

当你提出请求时，首先，要看时机是否成熟。其次，说服过程中要不卑不亢。过分的哀求，反而会引发对方藐视你的心理。尽管你的心里十分着急，但表情还是要大方自然，并且要说出为对方着想的理由来，而不是为你自己打算。

利用同步心理好说服

什么是同步心理呢？同步心理就是凡事跟他人同步调、同节奏，也就是"追随潮流主义"，即想过他人向往的生活、不愿落于潮流之后的心理。正是由于同步心理的存在，那种不顾自身财力和精力，也不管是否真心愿意而黉出去做的念头，就很容易趁势而入，支配人的行为，促使人盲目地做出与他人相同的举动，因而陷入窘境。"大家都这样"等字眼的频繁使用，正是这种"从众"心理的体现。

妻子："听说小张买了房子，而且还是带有小型花园的别墅，总共有190平方米。真好啊！我们的一些朋友都陆续有了自己的家。唉，真是让人羡慕，什么时候我们也能和他们一样呢？"

丈夫："啊，小张？真是年轻有为啊！我们也得加快脚步才行，总不能在这里待上一辈子吧。可是贷款购房利息又沉重得惊人。"

妻子："小张还比你小5岁呢。为什么人家可以，你就不行呢？目前贷款购房的人比比皆是，况且我们家也还负担得起。试试看嘛！不如这个星期我们去看看吧。现在正是促销那种花园别墅的时机呢。买不买是另一回事，看看也不错！"

于是星期天一到，夫妇俩就带着孩子去参观正在出售的房子。

妻子："这地方真好啊！环境好又安静，孩子上学也近，而且房价也是我们负担得起的。一切都那么令人满意，不如我们干脆登记一户吧！"

丈夫："嗯，是啊！的确不错。我们应该负担得起。就这么决定吧！"

这句话正中妻子的下怀。她早看准了丈夫一直在动摇，而用旁敲侧击的方法让他做出决定，这是妻子的成功所在。

这位妻子为何能够如愿以偿呢？因为她懂得激发同步心理。

上述例子中的妻子成功地掌握了丈夫的同步心理，进而采取相应的说服对策。她先举出小张的例子，继而运用"大家都买了房子""大家都不惜贷款购房"等一连串话语来激发丈夫的同步心理。

通常人们在受到这类刺激后就很容易变得没主见，盲目附和。所以，推销员或店员经常会搬出"大家都在用"或"有名的人也都用"等推销话语，促使顾客毫不犹豫地接受。

第十二章

幽默的说话艺术：言语诙谐，说出风趣

把拒绝的话说得幽默些

拒绝的话一向不好说，说不好就很容易得罪人。因此拒绝他人时，要讲究策略，最重要的一点就是含蓄委婉。而幽默地拒绝能巧妙地体现这一点。用幽默的方式拒绝别人，有时可以故作神秘、深沉，然后突然点破，让对方在大笑中接受。

有一位"妻管严"，被老婆命令周末进行大扫除。正好几个同事约他去钓鱼，他只好回答："其实我是个钓鱼迷，很想去的。可成家以后，周末就经常被没收了啊！"同事们哈哈大笑，也就不再勉强他了。

有时候拒绝的话像是胡搅蛮缠，但因为它是用幽默的方式表达出来的，所以也就在起到拒绝目的的同时，让别人很愉快地接受了。

意大利音乐家罗西尼生于 1792 年 2 月 29 日，因为每 4 年才有一个闰年，所以等他过第 18 个生日时，他已 72 岁了。他说这样可以省去许多麻烦。在过生日的前一天，一些朋友来告诉他，他们集了两万法郎，要为他立一座纪念碑。他听了以后说："浪费钱财！给我这笔钱，我自己站在那里好了！"

罗西尼本不同意朋友们的做法，但他没有正面回绝，而是提出一个不切实际的想法："给我这笔钱，我自己站在那里好了！"含蓄地指出朋友的做法太奢侈，点明其不合理性。

此外，还可以用假设的方法，虚拟出一个可能的结果，从而产生一个幽默的后果，而这个后果正好是你拒绝的理由。这样，不仅不会引起不快，反而可能给对方一定的启发。

著名剧作家萧伯纳的拒爱方式，可以说是拒爱的经典。

有一日，萧伯纳收到著名舞蹈家邓肯的求爱信，她在情信中写道："如果我们结合，有一个孩子，有着和你一样的脑袋，和我一样的身姿，那该多美妙啊！"

萧伯纳看了信后，很委婉而又很幽默地回了她一封信，他在回信中说："依我看那个孩子的命运不一定会那么好，假如他有我这样的身体，你那样的脑袋岂不糟糕了吗？"

这位美女演员收到信以后，明白了萧伯纳的拒绝之意。她失望地离开了，但她一点也不恨萧伯纳，反而成了他最忠实的读者和好朋友。

不管对谁，拒绝别人的话总是不好说出口，但拒绝的话又不得不说出口。这时不妨用幽默的方式说出拒绝的话，抹去对方遭到拒绝时的不愉快感。

用幽默平息他人的怒气

幽默的语言往往给人以诙谐的情趣，使人在笑意中有所领悟。幽默是缓解紧张、祛除畏惧、平息愤怒的最好方法。

一个议员觉得受到了别人的侮辱，他怒气冲天，迫不及待地想报复，但一时又找不到什么方法，结果，他的行为举止像一个小学生一样幼稚：小学生往往会去找老师告状，要求老师去惩罚他的敌人，这个议员则是去主席那里申诉。

这个议员找的是麻省省议会的主席柯立芝。这个议员所受的委屈使他相信柯立芝一定会替他当场主持公道的，但是，柯立芝却以一种非常幽默的方式把这件事解决了。

纠纷是这样引起的：当另一个议员在做一个很漫长的演讲时，这个议员觉得对方占用的时间太长，就走到对方跟前低声说："先生，你能不能快点……"话未说完，那个正在演讲的议员便回过头来，用严厉的口气低声呵斥他道："你最好出去。"然后仍旧继续演讲。

于是，这个受了委屈的议员走到柯立芝面前说："柯立芝先生，你听见某某刚刚对我说的话了吗？"

"听见了，"柯立芝不动声色地答道，"但是，我已经看过了有关的法律条文，你不必出去。"

这种回答实在是太聪明了。柯立芝把那位议员的愤怒当成了玩笑，他没有让自己卷入这种儿童式争吵的旋涡中去，就是因为他能看出这种无聊争吵的幽默之处。

机智的人不仅善于以局外人的身份化解他人的争吵，而且更善于打破在与人交往时因发生矛盾而出现的僵局。

有一天，在拥挤喧闹的百货大楼里，一位女士愤怒地对售货员说："幸好我没有打算在你们这儿找'礼貌'，在这儿根本找不到！"

售货员沉默了一会儿说："你可不可以让我看看你的样品？"

那位女士愣了一下，笑了。售货员的幽默打破了他们之间的尴尬局面。

人们为了解决求学、工作、住房、购物等方面的问题，往往要与人交涉。学会在交往中适时地表现幽默，你的成功概率一定会大大增加。

如果柯立芝或是那位售货员对于争吵也采取一种较真的态度，那对大家又有什么好处呢？无非是更加激化双方的矛盾。而由于采取了一种幽默的态度，柯立芝便缓解了那种大伤感情的纠纷，那位售货员也巧妙地批评了那位女士的无礼，从而制止了进一步的争论。

用诙谐的话加深恋人间的感情

有一句在校园流传的"课桌文学"诗写道："忍看朋辈成双对，怒向花丛觅小妞。"不论单身的朋友还是热恋中的男女，都应重视幽默在恋爱中的作用。

那些在女人面前很"吃得开"的男人，不管长相如何，都有一套逗人发笑的本领。只要一与这种人接近，就可以立即感受到一股快乐的气息，使人喜欢与他为友。一个整天板着面孔、不苟言笑的"老古板"，是绝对不会受到女孩子们欢迎的。不少情感心理学研究者认为，男人由于平时比女人话少，所以，男人的语言的分量就更被女人所注意。不少男人也正是利用幽默的手段来填补自己语言的匮乏，所以，其魅力便永驻于人们对他的幽默的回味之中。

家庭之中夫妻争吵是一种普遍现象，不论是伟人还是普通人莫不如此，怨怒之中如果即兴来一两句幽默，往往会使形势急转直下。人们常说"夫妻没有隔夜的仇"，更多的时候都是这种豁达的幽默消除了隔阂。

夫妻朝夕相处，天天锅碗瓢盆，始终举案齐眉、相敬如宾反而是一种不正常的现象，有人戏称为"冷暴力"。小吵小闹有时反会拉近夫妻间的距离，同时也使内心的不满得以宣泄，如果再加上幽默、机智的调侃，无疑使夫妻双方得到一次心灵的净化，保证了家庭生活的正常运转，请看下面这几对夫妻的幽默故事。

（1）驾车外出途中，一对夫妻吵了一架，谁都不愿意先开口说话。最后丈夫指着远处农庄中的一头驴说："你和它有亲属关系吗？"妻子答道："是的，夫妻关系。"

（2）妻子："每次我唱歌的时候，你为什么总要到阳台上去？"

丈夫："我是想让大家都知道，不是我在打你。"

（3）新婚之夜，新郎问道："亲爱的，告诉我，在我之前，你有几个男朋友？"

沉默。

"生气了？"新郎想，过了片刻又问，"你还在生气？"

"没有，我还在数呢！"

（4）结婚多年，丈夫却时时需要提醒才能记起某些特殊的日子。在结婚35周年纪念日早上，坐在桌前吃早餐的妻子暗示："亲爱的，你意识到我们每天坐的这两把椅子已经用了35年了吗？"丈夫放下报纸盯着妻子说："哦，你想换一把椅子吗？"

（5）亨利的妻子临睡前絮絮叨叨的谈话令他十分不快。一天夜里，妻子又絮叨了一阵后，吻别亨利说："家里的窗门都关上了吗？"亨利回答："亲爱的，除了你的话匣子外，该关的都关了。"

以上五则故事中的夫妻幽默均恰到好处地表达了自己怨而不怒的情绪。有丈夫对妻子缺点的抗议，也有妻子对丈夫多疑的抗议，但其幽默的答辩均不至于使对方恼羞成怒，妻子用夫妻关系回敬丈夫也是一头驴，用数不完的情人来指责新郎的无端猜忌，丈夫用巧言指责妻子的絮叨，这幽默的话语听上去自然天成，又诙谐动听。这些矛盾同样有可能发生在我们每一个家庭之中，有时却往往因为两三句出言不逊的气话而使矛盾激化。

许多夫妻都有过类似的经历，无谓的争吵随时都会发生，一旦发生又会因愤怒很快失去理智，直至闹得不可开交，甚至拳脚相加。在日常生活中，我们常看到这种情景，在公共场合彬彬有礼的谦谦男子或女士，在家人面前同样也会为一些小事而大动肝火，有时即使是恩爱夫妻也不可避免地争吵，双方似乎都失去了理智，哪壶不开偏提哪壶，专揭对方的痛处、短处解气，唇枪舌剑，互不相让；及至冷静下来，才发觉争吵的内容原来是那样愚蠢、无聊。殊不知忍一时风平浪静，退一步海阔天空。夫妻应该相互包容，婚姻才能长久。

总的来说，在两个人的世界里，幽默可以发挥令人意想不到的效果，它可以增进恋人之间的感情，调节气氛，制造亲切感，它还可以消除疲劳和紧张感，使两个人都能够轻松、快乐地面对生活。

让幽默增添自身的魅力

所有的人都会年华已逝，红颜不再。但岁月只能风干肌肤，而睿智和幽默的魅力却不会减去分毫。

乔羽不但歌词写得好，而且话也说得妙，乔羽的幽默诙谐、能"侃"会说在京城文艺圈内久负盛名。

据报载，某年6月中旬，中国民族声乐比赛初评在武汉举行，乔羽是评委之一。在有火炉之称的武汉一天三班地连续听录音，对65岁的乔羽可不轻松。为了解闷，乔羽不断地抽烟，一边抽还一边念念有词："革命小烟天天抽。"也是评委的歌唱家邓玉华为乔羽补充了三句，成了一首打油诗："革命小烟天天抽，遇到困难不犯愁；袅袅青烟佛祖嗅，体魄康健心长寿。"乔羽听罢，微微一笑，他联想到邓玉华每餐节食的情景，也回敬了一首："革命小姐天天愁，腹围过了三尺九；干脆天天吃肥肉，明天又到四尺九。"众人听后都捧腹大笑，连日来的劳累烟消云散。

乔羽不是美男子，由于头发稀少，不熟悉他的人，往往容易将65岁的乔羽判断为七八十的老人。但乔羽从未感到自己老了，他说："我从18岁就开始脱发了，看来是不会再长了，索性毛全掉光，成了老猴子，倒用不着理发了。我心里从没有感到老。年龄是你的一种心理上的感受，你觉得自己老了，即使年轻也真的老了；你觉得自己还年轻，即使老了你也还年轻。"

上面的故事充分展示了乔羽乐观向上的精神面貌，他善于幽默，他用自嘲的手法跟自己开起了玩笑，不言头发而称"毛"；并自喻"老猴子"，让人闻之不禁莞尔，而"倒用不着理发了"一句则在幽默之中透露出了乔羽的豁达心境。

幽默的魅力，仿若空谷幽兰，你看不到它盛开的样子，却能闻到它清新淡雅的香味；幽默的魅力，又如美人垂帘，人不能目睹美人之芳华，却能听到美人的声音，间或环佩叮当，更引人无限遐思……

启功的前半生可以说是充满坎坷和艰辛，1岁丧父，母子二人便由祖父供养。10岁祖父过世，家道中落，一贫如洗，再无钱读书，由于得到祖父门生极力相助，才勉强读到中学，但尚未毕业，由于个性坚强，不愿再拖累别人，便决心自谋生路。经祖父的门生傅增湘先生介绍，认识辅仁大学校长陈垣，经陈垣介绍到中学任教，但两份工作皆因没有文凭而被炒。但他却没有绝望，一边靠卖字画为生，一边自学，最后终于在辅仁大学谋到一个教职。此后，在陈垣校长的耳提面命之下，取得长足进步。然而，命途多舛，1957年又被错划为右派分子，直到1979年才得以平反……

经过无数人生历练的启功，不但在艺术上取得了非凡的成就，而且也在心灵上步入了大彻大悟之境，生命中充满着一种"身心无挂碍，随处任方圆"的大气和洒脱。

启功成名之后，便经常有人模仿他的笔墨在市面上出售。有一次，他和几个朋友走在大街上，路过一个专营名人字画的铺子，有人对启功说："不妨到里面看看有没有你的作品。"启功好奇，大家就一起走进了铺子，果然发现好几幅"启功"的字，字模仿得也真够到家，连他的朋友都难以辨认，就问道："启老，这是你写的吗？"启功微微一笑赞道："比我写得好，比我写得好！"众人一听，全都大笑起来。谁知说话之间，又有一人来铺里问："我有启功的真迹，有要的吗？"启功说："拿来我看看。"那人把字幅递给他。这时，随启功一起来的人问卖字幅的人：

"你认识启功吗？"那人很自信地说："认识，是我的老师。"问者转问启功："启老，你有这个学生吗？"作伪者一听，知道撞到枪口上了，刹那间陷于尴尬、恐慌、无地自容之境，哀求道："实在是因为生活困难才出此下策，还望老先生高抬贵手。"启功宽厚地笑道："既然是为生计所害，仿就仿吧，可不能模仿我的笔迹写反动标语啊！"那人低着头说："不敢！不敢！"说罢，一溜烟地跑了。同来的人说："启老，你怎么让他走了？"启功幽默地说："不让他走，还准备送人家上公安局啊？人家用我的名字，是看得起我，再者，他一定是生活困难缺钱，他要是找我借，我不是也得借给他吗？当年的文征明、唐寅等人，听说有人仿造他们的书画，不但不加辩驳，甚至还在赝品上题字，使穷朋友多卖几个钱。人家古人都那么大度，我何必那么小家子气呢？"启功的襟怀比之古人，可以说是有过之而无不及。

幽默是一种心境、一种状态、一种与万物和谐的"道"。

幽默的语言来自纯洁、真诚和宽容如大海般的心灵，是生命之中的波光艳影，是人生智慧之源上绽放的美丽的花朵，是人们能够从你那里享受到的心灵阳光。幽默之魅力，如英国谚语所云："送人玫瑰之手，历久犹有余香。"

生活中不妨多点幽默作为"调节剂"

为了应对人生大大小小的挑战，你需要力量——不论你是为人父母或是为人子女，是教师或是学生，是售货员或是消费者，是老板或是职员，是上司或是下属，幽默都能赋予你战胜困难的力量。

幽默的力量体现在沟通上，就像我们打开电灯开关，电流便沿着电线输送到机器上一样，只要按下幽默的按钮，一股特别的力量便会出现。我们可以把这股幽默的力量导向他人，并与他人直接沟通。

有了幽默，我们可以以笑来代替苦恼；借着幽默的力量，我们能使自己和他人超越痛苦。

真正的幽默力量是从内心涌出，更甚于从头脑涌出。

幽默的力量体现在它可以润滑人际关系，消除紧张，解除人生压力，提高生活品质。它可以使我们和他人相处不至于紧张；它可以化解冰霜，使我们获得益友；它还可以使我们精神振奋，信心倍增，使我们忘记许多不愉快的事情。

有一位年逾80的老先生在接受身体检查时说："医生，你可记得上回你说我有一大堆毛病，说我得学会和这些毛病生活在一起？包括我的关节炎、视力减退、重听、高血压。"

医生回答说："信任我吧，你很快就能学会和这些毛病生活在一起的。"

"我知道。"老人也同意，"现在，我在想，您是不是可以再加一项，加上一个20岁的妻子！"

把"因幽默的力量而享受趣味"加在你的日程表上，学会生活得更快乐，以轻松的心情面对自己，而以严肃的态度面对人生，掌握你自己的幽默力量。

1. 幽默是烦恼生活的开心剂

生活绝非全是幸福，与幸福相对的就是烦恼，这是一对孪生的兄弟，谁也离不开谁。一般的家庭，遇上烦恼的事情，往往是一方发火，甚至双方发火，发展到大吵一场，从而带来更大的烦恼和不快。幸福的家庭同样也有烦恼，只不过解决的方法不同，他们在理性解决烦恼的同时，往往还运用幽默的手段，化烦恼为欢笑。

2. 幽默是趣味生活的添加剂

生活需要趣味，而且是各种各样的趣味，于是世界便有了层出不穷的志趣、理趣、情趣、谐趣、童趣、野趣、真趣、闲趣、文人雅士之趣、市井小民之趣、渔夫樵子之趣、灯红酒绿之趣、田园牧歌之趣，还有猫之趣、狗之趣、花鸟鱼虫之趣……如果再加上幽默，我们不妨称它为"幽默趣"。

幽默是趣味生活的添加剂，生活中处处有幽默，关键是你能不能发现它，并且用幽默的语言来解释它，那样你的生活就会更加充满乐趣。

幽默是艰苦生活的调味剂。生活有时是相当艰苦的，有幽默感的人善于苦中作乐，用幽默作为艰苦生活的调味剂，鼓励自己克服困难，渡过难关。

3. 幽默是天伦生活的合成剂

为了延续后代，人类有繁衍的本能，所谓"不孝有三，无后为大"是也。儿孙绕膝、其乐融融——天伦之乐也！所以，没有子女烦恼，有了子女也烦恼，不过在后一种烦恼中，蕴含着天伦之乐罢了。

法国总统德斯坦从小很顽皮，经常问一些使他父亲难以回答的问题。一次，他考试成绩不佳，得了个倒数第10名，父亲很不满意。德斯坦问父亲道："1和20，哪一个数值大？"

"自然是20的数值大。"爸爸不假思索地回答。

德斯坦接着问道："那么我考试列第20名，不是比第1名好吗？你为什么不满意？"

德斯坦的幽默告诉我们这样一个道理：不要强求子女的成

绩，因为不可能所有的学生成绩都是 100 分，有时要"顺其自然"，这样"天伦"之间才有"乐"可言。

不然就要徒增烦恼了。

生活有时会像一个喜剧小品，充满了幽默感；聊天，有时也会像一段相声，使人觉得妙趣横生……处在那样一种心境，你会感到：生活，是多么美好！

幽默令自己充满亲和力

各行各业，莫不对幽默给予很高的评价。实际上，幽默称得上是一个具有亲和力的"形象大使"。因为，很多工商业界高层的负责人，都运用幽默来改变他们的形象，甚至改变大家对整个公司的看法。每一阶层的管理者在人事的甄选与训练上，也转而向幽默来求助。

让我们提出一些统计资料和实例，来重申上述的观点。此外，为了便于讨论，我们在提到"幽默"或"幽默感"时，就包含有"幽默力量"的含义。

有一次，美国 329 家大公司的行政主管，参加一项幽默意见调查。调查发现：

97%的主管人员相信："幽默在商业界具有相当的价值。"

60%的人相信，幽默感决定一个人事业成功的程度。

在《芝加哥论坛报》里工商专栏的作家那葛伯，访问了参与调查的几位主管人员，而后整理出几位高级经理人员的意见：

克雷夫特公司总裁毕尔斯，认为幽默感对于主管人员十分重要。"它是表示一个主管具有活泼、弹性的心态的重要指标。"毕尔斯说："这样的人通常不会把自己看得太重，而且比较能做出好的决策。"

另一家公司的总裁，从创造和谐快乐的同事关系的观点来看幽默感。"这是一个基本原则，"他说，"就是你若能做些自己引以为乐的事情，那么你会是一个较好的老板，或较好的下属。"

幽默被工商业看重，还有一个可靠的证据，是来自幽默家欧尔本的资料。他创办幽默服务，发现近10年来光顾的客户有很大的转变。工商业者有越来越多的倾向，不再像从前以娱乐界、政治家、教育家等为主。

至于对一个受雇于人的职员，幽默对他潜能的发挥有什么实效呢？我们不妨来看看赫斯特的意见，他在佛罗里达一家经营数家餐厅的大公司里，担任高级主管的工作。他将幽默列为职员必备的条件之一。他说，幽默对于"最前线"接待客人的职员，更是特别重要。他建议在人事的甄选和面谈时，要选那些能自我解嘲的人。

此外，他还问每一位应征者这样一个问题："你曾经发生过什么有趣的事？"如果应征者想不起什么有趣的事，他建议他们说个幽默的小故事，也会有帮助。

我们发现越来越多的高层领导人，希望他们在同事和大家眼中的形象更人性化一些。这些领导人鼓励我们和他们一同笑。

和别人一同笑，会增加我们的亲和力。如果我们不抓住这些机会的话，我们就失败了。一个演说家站在讲台上，如果只知道笑是一剂良方，但是却打不开瓶盖来服用，那就是个失败者了。

当你用幽默来拉近与同事的关系，并了解对方的想法时，你就在工作上打开了良好的沟通之门。

一位演说家公开指责喝酒的坏处。

"我希望所有的酒都在海底深处！"他喊道。

"我也是！"听众之中冒出一个声音。

"先生，恭喜你！"演说家宣布，"我看得出你是一个有奉献精神的人！请问你从事什么职业？"

"当然可以，我是一个深海潜水员。"

和别人一同笑，能树立你自己的良好形象，而且设身处地为别人着想。然后，你就能适当表达自己的观点，并且获得成功。

如果我们以尖刻的批评去对待一位处理不好工作的同事，就会造成失败的局面。那位同事会失去他的自信心，而我们会失去他的信任，得不到成功的合作。但若是"以对方为中心"去了解他人，却会打开沟通的大门。

借幽默的力量来成功！以建议的方式来代替批评，对工作上出的问题，和你的同事一起笑吧！那么你和你的同事就都赢了。更进一步，你的同事会因此觉得能自由自在地与你一同笑。

谈判中用幽默化干戈为玉帛

一般人认为，谈判是很正式与严肃的。其实谈判中运用幽默技巧，可以缓和紧张的形势，造成友好和谐的气氛，也就缩短了双方的心理距离，钝化了对立感。因此，幽默能使你在谈判中左右逢源，常常在"山重水复疑无路"时变得"柳暗花明又一村"。因为，谈判时具有幽默感能使你情绪良好，充满自信，思路清晰，判断准确。

谈判中要使自己进退自如，没有幽默力量是很难达到这种境界的。

1959 年，美国副总统尼克松访问苏联。在此之前，美国国会通过了一项关于被奴役国家的决议。赫鲁晓夫在与尼克松的会谈中激烈地抨击了这个决议，并且怒容满面地嚷道："这项决议很臭，臭得像马刚拉的屎，没什么东西比这玩意儿更臭了！"作为国家元首，这样的场合、这样的讲话有失体面。

尼克松曾认真地看过赫鲁晓夫的背景材料，得知他年幼时曾当过猪倌，于是盯着赫鲁晓夫，说："恐怕主席说错了。还有一样东西比马屎更臭，那就是猪粪。"

谈判桌上，赫鲁晓夫无所顾忌，出言不逊，好在尼克松幽默诙谐、暗藏讥讽。否则，两人大吵大嚷，那么谈判就成了市井中的吵架、撒野了。

美国沃思堡市亿万富翁巴斯四兄弟被喻为谈判桌上的奇才。巴斯兄弟在 1981 年想买下行将破产的皮尔公司，但他们却对皮尔公司的董事会说："你们在其他地方或许能找到更好的买主！"并且还将他们可能感兴趣的投标者的名字一一告诉他们。最后巴斯兄弟说："如果你们没其他选择的话，就来找我们。"结果巴斯兄弟如愿以偿，这笔生意按他们的设想成交了。

巴斯兄弟的谈判技巧和水平是高超的。他们认为，做生意好比追求女性，如果你狂热地追求她，她会扬长而去；而当你后退时，她却会跟着你走。多么风趣而幽默的构思啊！

1943 年，英国首相丘吉尔与法国总统戴高乐由于对叙利亚问题产生分歧，两人心存芥蒂。直接原因是戴高乐宣布逮捕布瓦松总督；而此人正是丘吉尔颇为看重的人物。要解决这一件令双方都颇为棘手的事，只有依靠卓有实效的会晤了。

丘吉尔的法语讲得不是很好，但是，戴高乐的英语却讲得很漂亮。这一点，是当时戴高乐的随员们以及丘吉尔的大使达夫·库柏早就知道的。

这一天，丘吉尔是这样开场的，他先用法语说道："女士们先去逛市场，戴高乐和其他的先生跟我去花园聊天。"

然后他用足以让人听清的声音对达夫·库柏说了几句英语："我用法语对付得不错吧，是不是？既然戴高乐将军英语说得那么好，他完全可以理解我的法语的。"语音未落，戴高乐及众人哄堂大笑。

丘吉尔的这番幽默消除了紧张，营造了良好的会谈气氛，使谈判在和谐信任中进行。

在谈判中使用幽默，可以缓和紧张形势，制造友好和谐的气氛，从而缩短双方的距离，淡化对立情绪。

面对各种各样的谈判都能稳操胜券的美国人荷伯·科恩认为："世界是一张巨大的谈判桌。"

这话很有道理。我们每个人在社会生活中都不可避免地与别人接触。个人的、团体的，或为荣誉，或为金钱，或为地位，或为自由……这样，你就自觉或不自觉地成为谈判的参与者。幽默能使你在谈判中左右逢源，常常在"山重水复疑无路"时变得"柳暗花明又一村"。因为，谈判时具有幽默心理能使你情绪良好、充满自信、思路清晰、判断准确。

学会用戏谑化解尴尬

尴尬是生活中遇到处境窘困、不易处理的场面而使人张口结舌、面红耳赤的一种心理紧张状态。在这种时候，如果能调整心态，急中生智，以戏谑来化解它，则可以收到良好的效果，从而缓解你和他人的紧张气氛。

一次，美国总统里根在白宫钢琴演奏会上讲话时，夫人南希一不小心连人带椅跌落到台下地毯上，观众发出惊叫，但是南希却灵活地爬起来，在众多宾客的热烈掌声中回到自己的座位上。正在讲话的里根看到夫人并没有受伤，便插入一句俏皮话："亲爱的，我告诉过你，只有在我没有获得掌声的时候，你才应该这样表演。"

在外交上，戏谑的口才就显得更为重要。

政治家、外交官具有幽默细胞可以使外交工作更加顺利，而拙劣的口才可能会给外交工作平添许多障碍。有时由于国与国之间的语言、文化、风俗、习惯等差别很大，使得相互理解与沟通非常困难，再加上意识形态上的差异，政治与经济等方面的错综复杂的矛盾交织在一起，就会使外交工作变得困难。

一旦应对不当，造成两国之间误解甚至不和，造成尴尬的局面，就会显示出应对者的无能与无知。

1972年，美国总统尼克松访问苏联。有一次在苏联机场，飞机正准备起飞，一个引擎却突然失灵。

当时送行的苏共中央总书记勃列日涅夫十分着急、恼火，在外国政界要人面前出现这种事是很丢面子的。

他指着一旁站立的民航局长问尼克松总统："我应该怎么处分他？"

这等于说是给尼克松出了一道不大不小的难题，如果尼克松答得不巧妙，苏联人也可以借机让尼克松出点丑。

"提升他。"尼克松很轻松地说，"因为在地面上发生故障总比在空中发生故障好。"

尼克松的话一出，大家都笑了。

在异性之间，吵架在所难免，一方发火，另一方也跟着吵，无异于火上浇油，情况愈演愈烈，关系越闹越僵，倒不如以谐平怒，大家更容易冷静下来，在笑声中很快消气。

约翰下班回家，发现妻子正在收拾行李。

"你在干什么？"他问。"我再也待不下去了，"她喊道，"一年到头，老是争吵不休，我要离开这个家！"

约翰困惑地站在那儿，望着他的妻子提着皮箱走出门去。

忽然，他冲出房间，从架上抓起一只皮箱，也冲向门外，对着正在远去的妻子喊道："等一等，亲爱的，我也待不下去了，我和你一起走！"

怒气冲天的妻子听到丈夫这句既可笑又充满对自己爱和歉意的话，像气球被扎了一个洞，很快地消气了。

当约翰的妻子提着皮箱，走出门时，我们不难想象，约翰是多么的难堪、焦急！但他既没有苦劝妻子留下，也没有作任何解释、开导，更没有抱怨和责怪，而是说："等一等，亲爱的，我也待不下去了，我和你一起走！"这哪像夫妻吵架，倒像一对恩爱夫妻携手出游。

约翰这番话，以谐息怒，不但让妻子感到好笑，而且体会和理解到丈夫是在含蓄地表达自己对妻子的爱和歉意，以及两人不可分离的关系。听到这番话，妻子怎能不回心转意呢？

只要把握得当，戏谑调笑的化解法非常有"功效"，因为它能使人开怀大笑，舒展情绪，在笑声中淡化尴尬与窘迫。

图书在版编目（CIP）数据

别输在不会表达上 / 桑楚编著. — 北京：中国华侨出版社, 2018.3（2020.1 重印）

ISBN 978-7-5113-7513-1

Ⅰ. ①别… Ⅱ. ①桑… Ⅲ. ①语言艺术—通俗读物 Ⅳ. ①H019-49

中国版本图书馆CIP数据核字(2018)第028765号

别输在不会表达上

编　　著：桑　楚
责任编辑：清　芬
封面设计：冬　凡
文字编辑：聂尊阳
美术编辑：李思雨
经　　销：新华书店
开　　本：880mm×1230mm　1/32　印张：6　字数：150千字
印　　刷：三河市金元印装有限公司
版　　次：2018年5月第1版　2020年3月第6次印刷
书　　号：ISBN 978-7-5113-7513-1
定　　价：30.00元

中国华侨出版社　北京市朝阳区西坝河东里77号楼底商5号　邮编：100028
法律顾问：陈鹰律师事务所
发行部：（010）88893001　　　传　真：（010）62707370
网　址：www.oveaschin.com　　E-mail：oveaschin@sina.com

如果发现印装质量问题，影响阅读，请与印刷厂联系调换。